성공적인
영어교육을 위하여
정동빈 교수가
콕콕 짚어주는
영미문화 이해

저자 **정동빈** 교수

한국조기영어교육학회장이자 중앙대학교 외국어대학 학장으로 현재 중앙대 일반대학원과 교육대학원 조기영어교육과에서 석·박사 과정을 개설하여 조기 영어교육 분야에 필요한 많은 전문가를 양성을 하고 있다.

『똑소리 나는 우리 아이 영어, 3살부터 시작하자』, 『교육부 검인정 초등영어 교과서』, 『웅진씽크빅영어』 등 50여 권의 어린이 영어 교육에 관한 저술과 70여 편의 연구논문을 발표한 바 있다. 특히 2006년 하반기 부터 2007년 초까지 중앙일보의 〈열려라 공부!〉에서 유아 영어 길라잡이를 연재하여 유아 영어교사와 학부모들에게 화제가 되고 있다.

성공적인 영어교육을 위하여 정동빈 교수가
콕콕 짚어주는 영미문화 이해

2008년 6월 5일 초판 1쇄 발행

지은이   정동빈

펴낸이   이성모
펴낸곳   도서출판 동인
등록   제1-1599호
주소   서울시 종로구 명륜동 2가 237 아남주상복합 Ⓐ 118호
전화   (02) 765-7145
팩스   (02) 765-7165
이메일   dongin60@chollian.net
홈페이지 donginbook.co.kr

Copyright Dong-Bin Jeong. 2008

ISBN   978-89-5506-354-7   13740

가격   8,000원

성공적인
영어교육을 위하여
정동빈 교수가
콕콕 짚어주는

영미문화 이해

정동빈 지음

도서출판 동인

To my mentors and family,
who have given me enormous support and love
for the years of my research
in the United States of America

책머리에

　　영어는 세계화 시대에 필요한 경쟁력 강화를 위한 의사소통 도구이며 전략적 무기이다. 21세기 세계화 시대는 무한경쟁의 시대이다. 21세기 세계화 시대는 일 대 일의 경쟁 시대가 아니라 일 대 다수의 경쟁 시대이므로 일 대 다수의 경쟁에서 살아남을 전략이 필요하다. 많은 사람들이 걱정하는 것처럼, 세계화 시대가 되어감에 따라 우리의 참모습이 선진 세계의 문물과 정신문화로 인하여 상실될 수도 있다. 반대로 우리의 참모습이 세계 속에 심어질 수도 있다. 어린이는 우리의 미래 주역이고 꿈이다. 우수한 자만이 그리고 최고만이 살아남을 수 있다는 기업의 논리가 세계화 시대에도 존재한다는 것을 인정해야 하며 어린이 영어 교육은 이런 세계화 전략의 일환이 되어야 한다. 어린이들이 미래의 경쟁자를 알고 경쟁에 임하면 백전백승을 할 것이다. 미래의 주인공인 어린이들이 선진 문명 세계의 의식과 문화를 파악할 수만 있다면 우리의 세계화 계획은 차질 없이 진행될 수 있을 것이다.

　　그러나 한국외국인학교 앤 클래퍼 교장은 조선일보(2007. 7. 12)기고에서, 영어만이 세계화 인재 조건을 다 보장하지는 못한다고 했다. 그녀는 영어로 자유스러운 의사소통을 할 수 있는 능력뿐만 아니라 문화를 이해할 수 있는 지식, 비판적이고 창의적으로 사고할 수 있는 능력, 그리고 상호 이해할 수 있는 능력도 세계화 인재 양성에 필수적인 요소라고 말하고 있다. 이 책은 영미 문화 지도를 위한 자료일 뿐만 아니라 창의적인 의사소통 지도 자료로 활용할 수 있는 지침서이다. 이런 자료는 어린이 영어 교사에게 21세기 세계화를 위한 상호 이해를 돕는 활동서이고 창의적인 사고를 위한 전략적 지도서가 될 것이다.

　　이 책에서는 다양한 영어 학습 자료 중에서, 특히 재미있는 영미 문화 정보를 활용하자는 것이다. 저자는 다양한 영미 문화의 배경과 그 정보를 체계화하여 우리 나라의 어린이 영어 교사나 학부모들에게 세계화를 위한 안내서로 제공하고자 한다. 이 책은 영미 문화에 대하여 쉽고 재미있게 서술한 자료를 제공하고 이를 통해 의사소통 능력을 배양하는 데 도움을 주고자 준비한 것이다. 따라서 이 책의 목적은 외국인과 의사소통을 하기 위해서는 그 문화적인 배경을 이해하는 것이 중요하다는 것을 실증적으로 보여주는 데 있으며, 학부모와 어린이 영어 교사들에게 풍부한 영어 지도 정보를 제공하기 위함이다.

　　이 책의 초고를 꼼꼼히 수정해주신 중앙대학교에서 영미 문화 지도를 강의하시는 남은희 박사에게 깊은 감사를 올린다. 그리고 이 책의 초고를 교사나 학부모의 눈높이에 맞추어 교정하여 준 중앙대학교 대학원 영어언어과학과 김지은, 김현정과 교육대학원 조기영어교육과 이지연 선생에게 고마운 마음을 전한다. 이 책이 세상에 나오기 위해서 어려운 출판 환경에도 불구하고 간행을 허락해주신 동인의 이성모 사장님에게 감사 인사 드린다. 앞으로 이 책이 조기 영어 교육에 종사하는 교사, 학부모, 콘텐츠 개발 전문가 등 많은 분들에게 도움이 되길 기원한다.

2008년 4월 27일
저자 정동빈

글 담은 순서

책머리에 ... 6

1 영미 문화 이해와 세계화 소개 • 13
1. 왜 조기 영어 교육이고 영미 문화의 이해인가 ········· 14
2. 영미 문화의 이해와 우리 나라의 세계화 전략은 무엇인가 ········ 18
3. 비언어적 의사소통 문화의 이해도 세계화 학습의 기본이다 ········ 22

2 영국 문화의 세계화 과정 들여다보기 • 27
1. 영국의 기원과 영국인, 그들은 누구인가 ········· 28
2. 영국은 기독교 문화의 영향을 받았다 ········· 32
3. 영국 사회는 역사적으로 어떻게 세계화 되었나 ········· 35
   영어의 알파벳은 그리스와 로마 문화를 세계화시킨 것이다 ········ 35
   로마 문화는 고대 영어 사회 (AD 450~1066) 를
   유럽 대륙 문화의 일원이 되게 했다 ········· 36
   중세 영어 사회 (AD 1066~1500) 는 900개의 프랑스어
   단어를 차용했다 ········· 41
   영국의 르네상스 운동은 영어를 세계어로 도약하게 했다 ········ 44

| | 4 | 대영제국 박물관에서 영국의 전통을 한눈에 볼 수 있다 | 49 |

3 세계 속의 미국 문화 알아보기 • 51

1	미국의 기원과 미국인, 그들은 누구인가	52
2	미국인의 꿈은 무엇인가	56
3	21세기도 미국은 세계화의 주역이 될 것인가	62
4	미국을 움직이는 힘은 노벨상 수상자들의 경쟁력에서 나온다	64
5	스미스소니언 인스티튜션은 미국 역사와 과학의 교육장이다	66
6	미국을 집결시키는 힘은 국기와 국가에도 있다	68
7	미국 문화는 매스 커뮤니케이션을 통하여 세계화하게 되었다	70
8	미국이 "아침의 나라"에 관심을 갖고 교류를 시작하였다	73

4 세계화를 위한 영미 문화 파악하기 • 77

1	인간과 상호작용 활동	80
	인사 문화는 세계화 사회로 가는 의사소통의 시발점이다	84
	상호 소개는 대화 문화의 시발점이다	86
	축하와 칭찬 그리고 감사는 의사소통의 기본 예절이다	89
	정보화 시대에 바른 전화 예절은 의사소통의 기본 예절이다	91
	부탁과 사과는 생활에서 남용하지 말고 적절히 활용해야 하는 표현이다	93
	영미 문화의 감탄 표현은 다양하다	95
	거절과 주의 경고판은 생활 영어의 일부이다	96
	영어 속의 외래어에는 특권적이고 경멸적인 표현이 함께 생활화 되어 있다	97

영국 영어와 미국 영어는 차이가 있다 ·········· 100
영미 문화에서 꽃말은 다양한 의미를 담고 있다 ·········· 103
영미 문화에서 동물 소리와 새 소리는
우리 나라와 다르게 표현된다 ·········· 105

② **영미인의 집단 형성** ·········· 107
집단 형성 배경 – 미국의 집단 문화는 우리와 다르다 ·········· 107
한국은 끼리끼리 문화라고 한다 ·········· 110
영미인들이 이해하지 못하는 우리 나라 사람들의 행동들도
있을 수 있다 ·········· 112
우리 나라 사람들이 이해 못하는 영미인들의 행동들도
있을 수 있다 ·········· 118

③ **영미인의 음식** ·········· 121
음식은 삶의 귀중한 요소이다 ·········· 121
식사 시 주의점을 잘 지키면 문화인이 된다 ·········· 125
파트럭 파티는 이웃과 정을 나누는 모임이다 ·········· 128
우리 나라 음식은 대부분 웰빙 식사이다 ·········· 129
우리 나라에서 커피 대접과 담배는 일반화 되어 있다? ·········· 130

④ **영미인의 직업과 부** ·········· 131
문화에 따라 직업의 선호도는 다르게 나타난다 ·········· 131
미국인의 직업과 부는 시대에 따라서 새로운 길디드 시대가
형성되고 있다 ·········· 133
욘(yawn)족 – 평범하게 살면서 자선 활동을 열심히 하는
부자가 늘어난다 ·········· 135
물건 사기는 건전한 소비 생활의 기본이다 ·········· 136
미국의 대통령직은 세계의 지도자이다 ·········· 138

5 영미인의 영토 소유 ———————————— 144
영토 확장은 영미인들의 끊임없는 도전 과정이었다 ———— 144
우리 나라 사람들은 유별나게 집 소유에 집착한다 ———— 145

6 영미인의 시간 ———————————————— 148
시간이 돈이라는 생각은 산업화의 결과이다 ——————— 148
시간에 관한 표현은 생활의 일부이다 ————————— 150

7 영미인의 교육 ———————————————— 152
미국의 교육은 실용주의를 최고의 가치로 여기고 있다 ——— 152
우리 나라 교육은 이론적인 경향에서 실용적인 방향으로
변화해야 한다 ——————————————————— 156
미국의 초등학교 교과서는 학습 지침서나 백과사전 같다 —— 158
미국의 대학과 대학원 전형은 다양한 방법으로 선발을 한다 — 159
미국 국력을 뒷받침하는 막강한 힘은 토익과 토플 시험이다 — 161

8 영미인의 방위 수단 —————————————— 163
자기 방어의 수단은 삶의 한 방법이다 ————————— 163
종교의 자유는 삶에 최고의 가치이다 ————————— 164
군사력은 국민을 지키는 수호자요, 국가의 힘이다 ———— 165
처방전과 의료 행위는 분리되어 있다 ————————— 166
미신은 어느 문화에나 존재한다 ———————————— 167

9 영미인의 놀이와 기념일과 민담 ————————— 169
놀이 문화는 현대인의 삶이다 ————————————— 169
기념일은 영미 문화 생활의 일부분이다 ————————— 171
축구는 영미인들 뿐만 아니라, 세계인이 좋아하는 운동이다 — 174
현대 스포츠는 막강한 부를 창출하는 산업이다 —————— 175

골프는 영미인들이 열광하는 생활 스포츠이다 ·················· 176

10 영미인의 개발 ·· 179
　　환경 개발 제한은 아름다운 자연을 후손에게 물려줄
　　귀중한 조치이다 ·· 179
　　옷 문화 창출은 고부가가치를 주는 산업이다 ···················· 180
　　고층 빌딩, 아파트, 빌라 등 – 주거 문화 변화는
　　정보통신 산업의 발달을 촉진시키고 있다 ························ 180
　　컴퓨터 산업 매진 – 21세기 정보 고속도로 구축은
　　세계 일류 국가로 가는 지름길이다 ·································· 181
　　항공술은 미래의 첨단 기술 산업이다 ······························ 182
　　쇼핑은 국가 경제를 부흥시킨다? ······································ 183
　　가능성의 나라는 세계인이 꿈꾸는 곳이다 ·························· 184
　　관광 자원이 미래의 산업이다 ·· 186
　　우리 나라의 기술 혁신, 경영 혁신,
　　세계화 전략은 필수적이다 ·· 187

5 맺음말 · 189

　　부록 1　의사소통에 필요한 언어 형식
　　　　　　교육인적자원부 (고시 제2007-79호) 추천 ... 193
　　부록 2　의사소통 기능과 예시문
　　　　　　교육인적자원부 (고시 제2007-79호) 추천 ... 206
　　부록 3　어린이 영어 음철 지도 자료 (English Phonics) ... 217
　　부록 4　영어 읽기 지도 자료 (English Reading & Teaching Materials) ... 222

　　참고자료 ... 226

1

영미 문화 이해와 세계화 소개

1

왜 조기 영어 교육이고 영미 문화의 이해인가

　　우리 나라는 그동안 조기 영어 교육의 중요성을 인식하고 있으면서도 정부의 영어 교육에 대한 특별한 활성화 대책이 없이 조기 영어 교육을 위한 사교육 시장만 호황을 누리게 되었다. 아울러 각 가정에서는 자신의 자녀들을 영어 마을에 입소시키거나 해외로 조기 유학을 보내는 등 자신들만의 전략적인 조기 영어 교육을 하고 있다. 그래서 이 책에서는 조기 영어 교육을 왜 실시해야 하는가? 조기 영어 교육을 실시할 때, 영미 문화 이야기를 활용하면 왜 효과적인가에 대한 명쾌한 대답을 제공하고자 한다.

　　최근 무역협회 무역연구소에 따르면, 우리 나라는 초고속 인터넷 가입자수를 비롯하여, 선박 세계 수주, D램 매출액, 초박막 트랜지스터 액정 표시장치(TFT-LCD),● 편직물 수출 등 11개 부분이 세계 1위이고, 자동차

● 초박막 트랜지스터 액정 표시 장치 (TFT-LCD) : TFT (Thin Film Transistor)이란 전계 효과 트랜지스터 (FET: Field Effect Transistor)인 MOS (Metal Oxide Semiconducter)의 일종으로 유리 기판 위에 아모퍼스 실리콘 (amorphous-Silicon) 등의 반도체 박막을 형성시켜 여기에 FET 구조를 만든 것을 말한다. 박막 트랜지스터는 3개의 단자에 의해 구동되며 전기적인 관점에서 볼 때 전계 효과 트랜지스터의 종류이다.

생산은 세계 5위이며, 명목 국내 총생산은 세계 13위이다. 특히 사교육비 지출 부분에 있어서도 세계 1위다. 그러나 토플(TOEFL, Test of English as a Foreign Language) 점수는 세계경제개발기구(OECD, Organization for Economic Cooperation and Development) 155개 국 중 하위 수준인 109위이라는 자료를 내놓았다. 이런 보도 자료를 본다면, 우리 나라 사람 누구나 영어 교육을 혁신적으로 개혁해야 할 필요성을 절감하게 될 것이다.

영어 교육의 개혁에 대한 올바른 해결책은 하루 빨리 유치원 영어 교육을 공교육화하고, 그에 필요한 다양한 콘텐츠 개발에 최선의 노력을 다하는 것이다. 개발될 수 있는 다양한 콘텐츠 분야 중에서 효과적인 조기 영어 교육을 위해 제시될 수 있는 하나의 분야는 영미 문화 이야기를 활용하는 것이다. 이를 활용하여 쉽고 재미있는 영미 문화 이야기 자료를 개발하여 보급하는 일이 필요하다고 여겨진다. 왜냐하면 영미 문화 이야기 같은 풍부한 영어 학습 자료를 개발한다면 21세기 정보화와 세계화 시대를 책임질 미래의 역군인 어린이들에게 효과적이고 유익한 조기 영어 교육 환경과 자료를 제공할 수 있기 때문이다. 최근 조선일보가 보도한, 삼성의 1년 기업 이윤이 영국의 해리 포터 시리즈 매출보다 못하다는 기사는 시사하는 바가 크다.

물론 조기 영어 교육 분야 뿐만 아니라, 21세기 정보화와 세계화를 위한 우리의 노력은 다양하게 이루어지고 있다. 정부는 정부대로 우리 나라를 세계 최고의 정보화 국가 그리고 세계화 국가로 만들기 위해 노력하고 있으며, 기업은 기업대로 정보화와 세계화를 위한 기업 경영과 경제 전략을 세우고 있다. 모든 교육 기관들도 나름대로 정보통신기술화(ICT, Information and Communication Technologies)와 세계화를 위한 외국어 교육, 기술 교육, 선진국의 문화 교육 등을 실시하고 있다.

　　이런 사회적인 분위기는 WTO(World Trade Organization, http://www.wto.org/) 출범 후에 세계는 하나라는 지구촌 개념이 부각되면서 다가오는 21세기를 대비하게 하고 있다. 특히 2007년 6월 30일 미국과 한국이 FTA(Free Trade Agreement, http://fta.korea.kr)를 공식 체결함에 따라 미국 문화의 물결이 더 거세게 밀려들 것이다.

　　물론 교육계에서는 1997년부터 초등학교 영어 교육을 실시한 이래, 약 4만의 어린이들이 취학 전 영어 교육을 위해 영어권 나라에서 조기 유학을 하고 있다. 이에 따라 2007년부터 시범적으로 초등학교 1~2학년부터 영어 교육을 도입하여 실시하고 있고 2009년부터는 전국적으로 초등 영어 교육을 실시하고자 계획하고 있다. 최근 한국교육방송국(EBS)에서는 영어 전용 방송 채널을 개설하여 영어 교육의 욕구를 나름대로 충족시키고자 노력하고 있다. 교육인적자원부도 사실 제 8차 교육 과정 운영에서 조기 초등 영어 교육을 세계화 전략 중의 한 방안으로 적극 추진하고 있다. 물론 초등학교 1~2학년의 영어 교육이 도입됨에 따라서 취학 전 유치원 영어 교육에 대한 사회적 분위기가 더욱 거세어지고 있다.

최근의 이런 분위기는 어린이 교육 기관, 사설 기관과 학부모 모두에게 긍정적 인식을 주고 있는 동시에 조기 영어 교육의 필요성과 요구를 증가시켜 상당수의 어린이들을 영어 마을에서든 혹은 해외 연수를 통해서든 어떤 형태로든지 조기 영어 교육을 받도록 부추기고 있다. 이런 사회적 분위기는 어린이의 모국어 습득과 인지 발달의 결정적 시기(critical period)를 잘 활용하자는 긍정적 신호로 보기 때문에 저자는 조기 영어 교육을 적극 찬성하고 있다. 앞으로 이런 조기 영어 교육의 흐름에 대비하여 영어 교육 학계는 어린이를 위한 영미 문화 교육 자료를 개발하고, 그런 학습 자료를 제공해야 할 필요가 있다고 확신한다.

조기 영어 교육을 위한 기본 영미 문화의 콘텐츠 개발은 영어 교육의 효과를 더욱 높이게 될 것이다. 외국어로서의 영어를 이해한다는 것은 문화를 이해하는 것이다. 언어는 문화의 포로라는 전제는 누구나 알고 있는 명제이기 때문이다. 즉 영미 문화의 이해없이 효과적인 영어 학습은 가능하지 않다는 말이다. 따라서 이런 언어와 문화의 관계를 외국어 교육으로서의 영어 교육에 적극적으로 활용할 필요성이 절실히 요구된다.

2

영미 문화의 이해와 우리 나라의 세계화 전략은 무엇인가

　　우리 나라의 교육 현장에서도 21세기를 대비하기 위해서 우리가 원하든지 원하지 않든지 간에 세계화를 위한 노력을 경주해야 할 역사적 사명을 가지고 있다. 우리 나라는 역사적으로 볼 때 지금처럼 세계 속에서 우리의 모습을 당당히 내세우고 우리 한국 문화를 세계에 소개할 기회는 그리 흔하지 않았다.

　　우리 나라는 88올림픽대회(The Olympics)를 분기점으로 한민족의 위대한 문화 유산과 한국의 발전된 모습을 세계 속에 심어 주었다. 이어서 2002년에는 한·일 월드컵(The Korea-Japan World Cup)을 통하여 4강 신화를 실현하였으며, 2004년 독일 월드컵에서도 우리의 존재를 세계에 당당히 알리게 되었다.

　　1945년 해방 후 한국전쟁(1951~1953)의 아픔을 겪으면서도 우리는 앞만 보고 열심히 일하면서 달려 왔다. 그 결과, 세계 무역 규모 10위로서 세계의 여러 선진국과 어깨를 겨누게 되었고, 때론 우리의 우방과 경쟁 상대국에게 부러움을 주는 대상이 되었다.

　　2007년 정부는 한미 자유무역자유협정(FTA, Free Trade Agreement between the Republic of Korea and the United States of America) 체결

로 일본과 중국 사이에서 국제 경쟁력을 높이고자 노력하고 있다. 또한 미국과 FTA 체결 후에 유럽 연합(EU, European Union)과 중국과도 FTA 체결 협상을 시작하고 있다. 이런 21세기 세계화와 정보화의 물결 속에서 영어가 국제적인 의사소통의 도구이자 경쟁력의 도구가 되었고, 영어 실력을 향상시키기 위해서 영미 문화를 이해해야 할 필요성을 절감하고 있다.

이런 세계화 시대에 우리는 우리 나라의 기술화와 산업화의 노력 위에 우리의 훌륭한 문화유산을 재발견하고 우리의 후손들에게 영광스럽게 대물림을 할 역사적인 소명을 받았을 뿐만 아니라, 세계의 여러 나라에 한민족의 우수성을 심어줄 책무를 가지고 있다고 생각한다.

연도	우리 나라의 국가적 행사	결과	비고
1988	제24회 국제올림픽개최 (서울)	종합 성적 4위	한국 금메달 12개, 한국의 이미지 제고와 상품 홍보 효과
2002	한·일 월드컵 개최 (전국과 일본)	4강 신화 이룸	국민의 힘 결집, 한국 선진화
2004	독일 월드컵 출전	6회 연속 출전	국민의 힘 과시, 스포츠 강국
2007	세계 무역 규모 (OECD)	10위	선진국 도약 발판, 한국 경제 성장 가능
2007	한미자유무역협정체결 (FTA)	경제적 도약	중국, 일본과 경쟁 생존

세계화란 원래 영어로 "globalization"이라고 하는데, "지구촌이 한 가족으로 더불어 살아간다."라는 이상적인 개념이 강조된 표현으로 쓰이게 되었다. 즉 세계화란 정치와 군사적으로는 국경의 개념이 분명히 존재하나 기타 산업, 경제, 과학, 문화 등의 경우에는 "무한 경쟁의 시대에 더불어 함께 살아간다는 것"을 의미하고 있다. 특히 타인과 타국의 이익이 우리의 국가 이익만큼 중요하고 필요한 요소로 작용하고 있다. 우리가 살

고 있는 지구는 하나다. 하나의 지구 속에서 세계의 모든 사람이 함께 공존해야 할 인식이 확산되고 있다는 것을 이제는 절감하고 있다. 예를 들어, 어느 한 나라만 산업화 한다는 미명 하에 환경을 파괴하고 자연의 질서를 깬다면 지구는 함께 공멸하게 된다. 우리의 단순한 이익이 타국의 재앙이 될 수 있다는 것이다. 그래서 세계는 하나의 운명체로서 함께 모든 정책과 산업화를 결정할 필요성이 대두되며 이런 개념은 곧 세계화라는 범주로 묶어서 지구촌 시대에 서로 공존하며 살아가야 함을 인식케 한다.

다른 한편으로, 국제화란 영어로 "internationalization"이라고 하는데, "nation"이란 "국가"를 의미하며 "inter"란 사이의 경쟁을 의미한다. 국제화란 "자국의 이익을 위하여 국가와 국가 간의 일 대 일 경쟁을 하며 살아간다는 것"을 뜻한다. 따라서 자국의 이익이 모든 것에 우선한다는 논리가 앞서고 있다. 그 동안 국제 사회는 이런 자국의 이익과 번영이 곧 국가의 번영과 안녕이라는 생각을 해왔다. 세계화의 입장에서 보면 자국의 이익과 번영이 꼭 타국의 이익과 번영에 도움을 주는 것이 아니라 위해와 파괴를 주는 요소가 너무 많다는 것을 21세기를 사는 지구촌 가족들은 인식하고 있다.

    따라서 이런 세계화와 국제화 전략은 원래 취지와 다르게 자기 나라가 개발도상국가이거나 저개발국가인 경우 선진국의 논리에 따라가야 하고 선진 문물에 종속되어야 하기 때문에 치명적인 어려움과 문화적인 종속을 주게 될 것이다. 문화 유산이 풍부하지 못한 민족에게는 세계화와 국제화의 전략이 타민족에게 동화될 위기에 처하게 만들 것이다. 이런 전환점에 있는 21세기는 어린이를 지도하는 영어 교육자들에게 영어권 문화의 장단점을 체계적으로 이해하여 우리 나라의 역량을 세계에 발휘할 미래의 어린이들에게 체계적이고 효과적인 조기 영어 교육을 잘 해야 할 책무를 부여하고 있다.

    이러한 책무를 완수하기 위해서는 첫째, 선진 문명을 가지고 있는 영어권이 주도하는 세계화와 그 전략을 이해해야 한다. 둘째, 그런 선진 영미 문화를 이해한 후에 영미 문화의 바람직한 유산을 적극 수용하여 우리 문화 생활에 적용해야 한다. 마지막으로 영미 문화와 비교하여 우리의 훌륭한 문화 유산을 재발견하여 이를 발전시킬 필요성을 인식하고 21세기 세계화 시대의 영미 문화를 잘 파악하여 우리의 조기 영어 교육 환경에 활용하는 노력을 게을리해서는 안 될 것이다.

3

비언어적 의사소통 문화의 이해도 세계화 학습의 기본이다

　　비언어적 의사소통 활동의 이해는 영미 문화 학습의 기본이다. 이것은 의사소통에서 언어적 활동의 이해 못지않게 비언어적인 활동도 이해해야 한다는 것을 의미한다. 특히 영미 문화에서 의사소통 활동의 비언어적인(nonverbal) 요소는 언어적인(verbal) 요소와 동반자적인 관계이고 동등하게 활용되고 있다. 다시 말해서 비언어적인 요소 없이는 의사소통은 단조롭거나 불가능할 수도 있다는 것이다. 그러면 언어적인 의사소통과 동등하게 중요한 요소로 여겨지고 있는 비언어적인 의사소통에 관하여 생각해보자.

　　영미인의 제스추어(gesture)와 우리 나라 사람의 제스추어는 같은 경우도 있고 다른 경우도 있다. 영미인들이나 우리 나라 사람들이나 미소(smile), 악수(handshaking), 윙크(wink), 고개를 끄덕이며 수긍하는 행위와 같은 비언어적인 의사소통 요소는 공통적으로 사용하고 있다.

　　이처럼 공통적으로 사용되고 있는 제스추어도 있지만 양쪽 문화 사이에 제스추어 행위가 서로 다른 것도 많이 있다. 예를 들어, 영미인들이 모른다는 뜻을 나타낼 때 그들은 두 어깨를 가볍게 위쪽으로 올리면서 양 팔을 바깥쪽으로 벌리지만 우리 나라 사람들은 고개를 좌우로 흔든다든지

영미와 한국의 비언어적 의사소통 영역과 그 비교

비언어적 영역	한·영의 공통점	한·영의 차이점	비고
몸짓	악수, 맹서, 승리, 항복	인사, 환기, 싫음	의사소통의 주요 요소
얼굴 표정	미소, 실망, 승낙 (고개 끄덕임)	비밀, 배고픔	언어의 의미 미리 전달
눈 접촉	윙크	상관과 대화시 눈 회피	화자와 청자 의도 전달
손과 손가락 동작	승리 (V), 결혼반지, 조용	큰소리, 동의	의사소통의 의미 전달
공간 유지	대화시 1미터 (보통 상황)	정중한 대화시 근접	사회 문화적 약속 유지

혹은 손을 좌우로 흔들어 잘 모른다는 신호를 보낸다. 또한 영미 문화에서는 "Okay, 혹은 잘 되었어요"라는 뜻을 나타내기 위해서 미국에서는 엄지 손가락과 두 번째 손가락으로 원을 그리면서 나머지 세 손가락을 위쪽으로 향하게 들어 올린다. 그런데 그런 제스추어는 우리 나라에서 돈을 의미하기도 한다.

    우리 나라에서도 그렇지만, 영미 문화에서도 효과적인 의사소통을 위하여, 말을 할 때 그에 적절한 제스추어를 사용한다. 즉 언어와 행동을 동시에 수행하여 효과적이고 효율적인 의사소통을 이루고자 노력하는 것은 인간의 공통적인 행동이다. 그러나 우리 나라에서는 과거 전통적으로 행동을 하면서 의사소통을 하는 것은 양반의 품행에 어긋난 것으로 인식하였다. 지금은 이런 사고가 개선되었지만 효과적인 의사소통을 위해서는 비언어적인 요소를 잘 활용할 필요가 있다.

    의사소통에서 얼굴 표정(facial expression)도 중요한 의미 전달의 요소 중에 하나이다. 영미 문화권의 사람들은 의사소통시 잘 아는 사람이든지 모르는 사람이든지 간에 남녀노소가 모두 밝고 명랑한 표정으로 상대방을 대하도록 노력한다. 우리 나라에서는 전통적으로 상대방을 근엄하

고 신중한 태도로 대해야 한다고 여겨왔다. 외국인들은 이런 우리를 좋게 말해서 신중하다고 평하고 있지만 나쁘게 말하면 무뚝뚝하다고 평하고 있는 것이다. 우리 나라의 거리에 나가보면 사람들의 얼굴 표정이 무겁게 가라앉아 있다고 외국인들은 말하고 있다. 이제 21세기 세계화의 길목에 서서 우리는 누구에게나 스마일(smile) 하는 표정을 보일 수 있어야 한다.

우리 나라에 거주하는 영미 문화권의 사람들이 이해 못하는 우리 나라 사람들의 행동 중에 하나는 우리 나라 사람들은 평소에는 근엄한 표정을 짓다가도 자신이 실수를 하면 자신의 잘못을 인정이라도 하듯이 씩 웃는다고 비판한다. 진지한 사죄를 기대하는 영미인들에게 이런 우리 나라 사람들의 얼굴 표정을 보면 잘못은 인정하나 내 알바 아니다 라는 의미로 오해받기 쉽다. 세계화 시대를 맞아 그런 오해는 받지 말아야 할 것이다.

영미 문화권의 사람들은 상대방과 이야기를 할 때는 눈(eye)을 꼭 마주쳐야 한다고 생각한다. 눈을 마주치며 대화하는 것은 영미인들이 의사소통의 중요한 방법이다. 그들에게 눈은 마음의 창이고, 그 마음의 창을 보면서 대화해야 한다고 생각하기 때문이다. 영미인들은 눈을 보면 그가 무엇을 말하고자 하는지 알 수 있다고 생각한다. 그러나 우리 나라 사람들은 시선을 주지 않고 자신의 말만 하는 습관이 있다. 실제 우리 나라 사람들은 연장자에게 꾸중들을 때에 연장자의 눈을 바라보면 예의가 없고 무례하다고 생각한다. 예를 들어, 우리 나라 학생들은 자신의 잘못을 인정하기 위해서 꾸중들을 때 고개를 숙여야 한다.

영미 문화권의 사람들은 대화시 상대방 눈을 바라보지 못하면 존경심이 없거나 정직하지 못해서 상대방의 눈을 바라보지 못한다고 생각한다. 이런 문화적 차이가 잘못된 것은 절대 아니지만, 양 문화 사이에서 잘못 행동하면 서로 오해할 소지가 충분히 있다는 것에 문제가 있다. 이런 차이점을 미리 인식하여 행동하는 것도 세계화 시대에 갖춰야 할 예절이다.

영미 문화권의 사람들은 가운데 손가락(finger)을 내밀면 외설적인 표현이거나 모욕으로 받아들인다. 우리 나라에서는 점잖은 사람들은 그런 행동을 하지 않지만, 소수의 사람들이 아무런 생각 없이 가운데 손가락을 사용할 수도 있다. 반면에 우리 나라 사람들은 검지로 상대방을 가리키면 어디서 삿대질이냐고 화를 내거나 기분 나빠한다. 우리 나라에서는 검지를 사용하는 것을 무례한 행동으로 받아들이고 있기 때문이다.

영미 문화권과 우리 나라에서 의사소통시에 공간(space)이 주는 의미는 거의 동일하게 적용되기도 하지만 일부 다양하게 표현되기도 한다. 양 문화권 모두 친근한 사람들과 대화를 할 때는 가까이에서 대화를 하거나 격식을 갖추지 않고 상호작용을 한다. 양 문화권 모두 정중한 상담을 할 때는 약 1m 정도 유지하면서 대화를 이끄는 것이 관습이다. 그러나 양 문화권 모두 애인하고 대화를 할 때는 더 가까이에서 손을 마주잡고 사랑

을 나누는 것이 기본적인 공간 활용 방법이다. 이런 상대방과의 관계를 무시한 공간 설정이 이루어진다면 의사소통은 효과적으로 이루어지지 않거나 의미없는 대화만을 주고받게 될 것이다.

2

영국 문화의 세계화 과정 들여다보기

1

영국의 기원과 영국인, 그들은 누구인가

지리적으로 볼 때, 영국(http://www.direct.gov.uk)•은 섬나라이고, 이런 섬나라가 서로 연합하여 한 국가를 이루고 있다. 그래서 유니온 잭(Union Jack)이라는 국기를 보면, 잉글랜드(England, 흰 바탕에 붉은 +자), 스코트랜드(Scotland, 푸른 바탕에 백색 X자), 아일랜드(Ireland, 흰 바탕에 흰 X자)가 합쳐져 영국을 이루고 있음을 알 수 있다. 작은 영토를

시 대	국가 (면적)	인종 (인구)	비고
현 재	대영제국 (24만 1752㎢)	앵글색슨족 (6000만 명)	수도 런던/ 국기 유니온 잭
중 세	잉글랜드, 웨일즈, 스코트랜드	노르만디계 프랑스인	수도 런던 (식민지 제국 건설)
고 대	켈트와 로마제국	켈트족, 앵글족, 로마, 쥬트족	수도 런던

● 국명 : 대영제국(The United Kingdom of Great Britain and Northern Ireland, http://korean.seoul.usembassy.gov/ http://www.britishembassy.or.kr/)
위치 : 유럽 대륙 서쪽 북대서양에 위치한 섬나라
면적 : 24만 1752㎢
인구 : 6000만 3000명
수도 : 런던(London)

가진 영국은 한때 세계를 지배하는 영광의 대영제국을 건설하여 세계 속에 영국, 세계 속에 영어를 심은 위대한 민족 연합 국가가 되었다. 그러나 역사적으로 그들도 세계를 제패하기 전에 다른 민족으로부터 오랫동안 박해를 받고 눈물과 고통을 체험하였다.

원래 영국의 원주민은 켈트(Celtic)족이고, 로마제국이 영국의 원주민을 367년 간 지배하였다. 그 후 450년경 게르만(Germanic)● 민족인 앵글스(Angles), 색슨(Saxons), 프리시언(Fricians), 쥬트(Jutes)족이 침입하여 지배하게 되었다. 영국에 건너온 게르만족 중에서 제일 먼저 온 민족이 쥬트족(450년)이며 그 다음으로 색슨족(477년)이 들어왔고, 앵글스족(547년)이 북부 지방에 들어와 앵글리아 왕국(Anglian Kingdom)을 건설했다. 그러면 영어(English) 및 영국(England)이라는 이름의 기원은 어디에서 왔을까? "English와 England"의 명칭은 이 앵글족을 가리키는 "Angle"에서 유래된 것이다. 알프레드 왕(King Alfred)의 「앵글로 색슨 연대기(Anglo-Saxon Chronicle)」에 의하면 앵글족들은 부족 전체가 영국으로 이주하여 영어와 영국이라고 부르게 하는 저변이 되었다고 했다.

그 후 1066년경 노르만디(Normandy) 지역에서 살고 있던 윌리엄

● 앵글족의 영도자인 오파 1세(Offa I)는 대륙의 슐레스윗히(Schleswig)에 살던 그의 본거지를 떠나 영국의 머샤 왕국(Kingdom of Mercia)을 건설하였다고 한다. 켈트인들(Celts)은 대륙에서 건너온 침략자를 색슨(Saxons)이라고 불렀다. 이러한 전례에 따라 로마인들(Romans)도 영국에 정착한 앵글로 색슨을 삭소네스(Saxones)라고 불렀고, 그들이 건설한 나라를 삭소니아(Saxonia)라고 하였다. 색슨의 왕인 애셀스탄(Aethelstan, 894~940)은 934년에 자기를 앵글로 색슨의 왕(Anglo-Saxna cyning = King of the Anglo-Saxons)이라고 불렀다. 그 후 앵글리(Angli, Angles) 및 Anglia라는 명칭이 나타나기 시작했다. 켄트(Kent) 왕인 애셀바트(Aethelbert)는 601년에 그레고리 법황(Pope Gregory)으로부터 렉스 앙글로룸(Rex Anglorum, King of Angles)이라는 칭호를 받아 앵글(Angle)이라는 이름이 영국 전체를 가리키는 이름으로 확대 사용되었다. 이렇게 해서 로마인들도 영국이나 영국 사람들을 말할 때에 앵글리아(Anglia)나 앵글리(Angli)라는 명칭을 자주 쓰게 되었다.

(William) 공이 이끄는 프랑스 인들이 영국을 정복하여 영국인과 함께 새로운 국가를 건설하게 되었다. 그들은 소위 코카시언(Caucasian) 인종의 전통을 받은 백인들이었으나, 역사적으로 서로 문화를 달리하는 여러 민족과 언어의 결합으로 지금과 같은 대영제국(The United Kingdom of Great Britain and Northern Ireland)을 건설하게 되었다. 지금의 영국은 유럽 대륙 서쪽 북대서양에 위치한 여러 혼합된 민족들이 연합하여 한 국가를 형성하게 된 셈이다.

이런 섬나라 영국은 세계에서 가장 아름다운 자연 환경을 가지고 있다. 그리고 영국의 영토는 사람들이 살기에 비옥하고 영농과 목축을 하는데 알맞은 지역이다. 그러면, 과연 이처럼 아름답고 자랑스러운 영국의 자연 환경은 어떠할까? 그리고 과거나 지금의 영국인들은 어떤 자연 환경과 날씨에서 살고 있을까? 자연 환경과 날씨는 한 민족의 문화적 특성을 형성하는 주요 변수가 되기 때문에 살펴볼 필요가 있다. 영국은 아름다운 자연 환경에 비해, 날씨는 고르지 못한 것이 특징이다. 일반적으로 민족문화 전문가들은 날씨가 국민성을 진취적이고 다양하게 만든 요인이 된다고 보고 있다. 다음은 영국의 자연 환경에 대한 소개로 아래의 자료는 영국의 일년을 잘 나타내고 있다.

1월은 눈(Snow in January)에 파묻혀 살고,
2월은 얼음(Ice in February) 속에 살며,
3월은 바람(Win in March)과 함께 지내고,
4월은 비(Rain in April) 속에 젖어 지내며,
5월은 꽃 봉오리(Buds in May) 속에서 살고,
6월은 장미꽃(Roses in June)을 즐기며,

7월은 연극 (Play in July)을 보는 날씨에 지내고,
8월은 따뜻함 (Warm Days in August)에 젖어 살며,
9월은 학교 (School in September) 가는 재미에 지내고,
10월은 사과 (Apples in October) 먹는 재미를 보며,
11월은 추위 (Cold Days in November)에 떨며 지내고,
12월은 크리스마스 (Christmas in December)를 즐긴다네.

　이 평범한 자연 환경에 대한 시처럼 영국에서 가장 아름다운 시기는 역시 5~6월이다. 그리고 영국에서 그 시기는 국화가 아름답게 피어나는 창조의 계절이다. 6월은 장미꽃을 가득 든 예쁜 영국 신부가 밝게 미소짓는 행복의 계절이다. 그래서 영국의 국화는 장미이다. 7~8월의 영국은 여행하기 좋은 활동의 계절이다. 영국은 다양한 계절의 변화를 가진 아름다운 섬나라이다. 그리고 이미 언급한 바와 같이 이 나라는 비옥한 땅을 가지고 있기 때문에, 이런 천연의 자연 조건과 환경이 영국인을 진취적이고 창조적인 민족으로 만들어 세계를 제패할 꿈과 토양을 제공하였다고 추측이 된다. 그러나 영국은 오랜 역사적인 고통과 작은 섬나라의 제한점을 극복하기 위해서 남다른 노력과 창조적인 도전으로 세계화를 이루는 선봉이 되었다고 사료된다.

2

영국은 기독교 문화의 영향을 받았다

　　과거 영국이 어떻게 기독교와 라틴어의 영향을 받았을까? 기독교가 영미 문화의 기저가 된 것은 다음과 같은 역사적인 배경 때문이다. 우선 기독교가 영국을 로마의 식민지 통치권 내에 들게 한 정치적인 상황이 가장 핵심적인 요인이 되었다. 즉, 고대 영어에 미친 가장 두드러진 라틴어의 영향은 기독교를 통해 이루어졌다. 7세기경에 앵글로 색슨은 그들의 종교를 버리고 기독교로 개종했다. 영국을 기독교로 개종하는 데 공을 세운 사람들은 콜럼바(Columba, 521~597), 아이단(Aidan, ?~651), 교황 그레고리(Pope Gregory, 540?~604), 오가스틴(Augustine, ?~604), 패트릭(Patrick, 389?~461?) 등이다. 이들은 포교한 공을 인정받아 교황청으로부터 성(Saint)의 칭호를 받았다.

　　영국에 대한 기독교의 포교는 세 가지 방향으로 진행되었다. 첫 번째의 영국 포교는, 성 콜럼바와 성 아이단이 스코트랜드에 기반을 두고 남쪽으로 내려와 노덤브리아(Northumbria) 지역에서 전개됐다. 두 번째의 영국 포교는, 성 그레고리와 성 오가스틴이 로마에서 온 성직자들과 영국 남쪽을 중심으로 하여 북방으로 올라가면서 포교 사업을 전개하였다. 성 오가스틴은 교황 그레고리의 명을 받아 50명의 성직자를 거느리고 597년에 켄트(Kent)에 상륙하여 캔터베리(Canterbury)를 근거로 하여 북쪽으로 포교하여 7세기에 전 영국을 기독교로 개종시켰다. 세 번째의 영국 포교는, 성 패트릭이 아일랜드를 중심으로 동쪽으로 포교 활동의 방향을 잡았다. 그는 432~461년에 아일랜드를 기독교로 개종시켰다.

영국이 기독교로 개종한 후, 영국 및 앵글로 색슨인들은 여러 분야에 걸쳐서 크나큰 발전을 이룩하게 되었다. 즉 앵글로 색슨인들은 게르만 민족의 비문명적인 모습을 탈피하여 로마의 문명과 접촉하게 됨으로써 유럽 문화권 내에 참여하게 되었다. 그 결과 그들은 유럽의 한 구성원이 되었다. 영국에 기독교가 도입됨에 따라 각처에 교회가 건설되었고, 기독교의 모든 의식에 쓰이던 라틴어가 다시금 영국에서 그 세력을 뻗치게 되었다. 또한 각 교회에 부속 학교가 설치되어 기독교의 교리를 연구함은 물론, 한 걸음 더 나아가서 그리스어, 라틴어 등 고전어를 가르치고 동시에 문학, 과학에 속하는 여러 학문을 연마하게 되었다. 기독교를 배경으로 고대 영어 시대의 영국 문화 발달에 막대한 기여를 한 사람들은 시오도(Theodore, 602~690), 알드헴(Aldhelm, 640~709), 베네딕트 비숍(Benedict Biscop, 628~690), 비드(Bede, 672~735)및 엘퀸(Alcuin, 735~804) 등 역사상 저명한 인물들이다.

영국 남부의 캔터베리가 기독교 문화의 중심지였다면, 영국 북부에서 이와 동일한 자리를 차지하고 있던 곳은 요크(York)라고 할 수 있다. 요크 지방이 이러한 자리를 차지하게 된 것은 베네딕트 비숍의 노력의 결과였다. 그는 669년에 캔터베리의 피타 대성당의 승원장이 되었다. 5년 후 웨아무스(Wearmouth)에 성 피터(St. Peter) 성당과 쟈로(Jarrow)에 성 베드로 성당(St. Paul's)을 건립하게 되었고 이 두 개의 교회가 북부에서 기독교 문화의 중심지가 되었다.

비드는 성 피터 성당과 성 베드로 성당이 있는 웨어무스와 쟈로 근교에서 태어나 어려서부터 비숍의 지도를 받으며 성장했다. 비숍은 주로 쟈로의 성당에 체류하였다. 730년경에 라틴말로 완성된 영국의 『기독교사 (The Ecclesiastical History of the English Nation)』를 비드가 집필하였다. 이 책은 영국의 역사를 연구하고 기독교의 포교 활동을 연구하는 데 가장 소중한 서적이 되었고, 이 저서로 말미암아 비드는 영국 역사의 시조라는 칭호를 받게 되었다.

앨퀸은 735년에 요크에서 태어났고 비숍의 직계 제자였다. 그는 당시 영국의 학문을 샬리메인 대왕(Charlemagne)의 궁중과 서유럽 각처에 널리 전파하여 유럽의 역사에 중요한 자리를 차지하게 되었다. 당시 종교가인 동시에 학자인 저명 인사들을 배출함으로써 8세기의 영국은 유럽 문명의 핵심인 로마와 직접 교류를 통해 유럽 문명의 중심지를 이루고 있었다.

영어 발달사적 관점에서 기독교의 도래는 영어 발달에 커다란 발자국을 남겨 놓았다. 기독교의 개념과 교리에 따른 이론과 논리는 많은 새로운 낱말을 영어 안에 끌어 들였고, 이로써 영어는 지적인 내용이 풍부해졌다. 게르만 인들이 대륙에서 배웠거나 앵글로 색슨이 켈트 인들을 통해 영국에서 배운 라틴 어휘는 대체로 소박하고 일상 생활에서 사용하는 어휘부터 종교적인 어휘까지 다양했다. 그러나 종교를 통한 어휘들은 정신적이며, 추상적인 개념이 강조된 것으로써, 직접 눈으로 보는 물건 대신 눈으로 볼 수 없는 물건, 또는 이론적이며 추상적인 개념을 내세우고 있었기 때문에, 아무래도 학문적인 어휘가 차용되지 않을 수 없었다.

3

영국 사회는 역사적으로 어떻게 세계화 되었나

❂ 영어의 알파벳은 그리스와 로마 문화를 세계화시킨 것이다

세계적 의사소통 도구인 영어의 알파벳(alphabet, http://kr.dic.yahoo.com/search/enc/result.html?...&subtype=enc&pk=15867100)은 원래 영국 사람들의 것이 아니다. 사실은 영국 사람들도 외국에서 사용하던 문자를 빌려다 자신들의 것으로 만든 것이다. 영어 알파벳의 기원은 기원전 1500년경에 지금의 지중해 연안 레바논(Lebanon)에서 살면서 바다 건너 주변의 이웃 나라들과 장사를 했던 히브리(Hebrew) 종족 중, 페니키아(Phoenicia) 사람들이 사용하던 상형문자에서 시작한 것이다. 상형문자란 물건의 형상을 본떠 만든 글자란 뜻이다. 옛날 서양에서 제일 먼저 문명이 발달한 국가는 그리스였는데, 그리스 사람들이 바로 페니키아 사람들이 사용하던 그 상형문자를 모방하여 쓰기 시작했고, 그 때문에 알파벳 문자가 널리 보급되기 시작했다. 그 다음으로 발달한 나라는 로마제국이었는데, 고대 로마 사람들은 그리스 사람들이 사용하는 문자를 모방하게 되었다. 그 로마 문자가 지금의 알파벳의 기원이 된 것이다. 그러니까 지금의 영어 알파벳은 그리스와 로마 문자로부터 전해진 것이다. 지금 영국

사람들의 조상은 독일 지방에서 살던 앵글로 색슨족이었는데 그들이 사용하던 룬(rune) 문자와 그리스와 로마 문자를 합하여 지금의 영어 알파벳이 만들어졌다. 그래서 영국 사람을 '앵글로 색슨족'이라고 하고 그들이 사용하는 문자를 '알파벳'이라고 한다. 결국 알파벳은 그리스어의 처음 문자 알파(α)와 두 번째 문자 베타(β)를 합하여 생겨난 이름이라고 한다. 영어는 이런 기원을 가지고 있고, 영국 사람들은 영어를 세계적인 언어로 만드는 데 게을리하지 않은 것이다. 그런 과정에서 영국인들은 어떻게 영어를 세계화시켰는지 알아보아야 한다.

❖ 로마 문화는 고대 영어 사회(AD 450~1066)를 유럽 대륙 문화의 일원이 되게 했다

이미 언급한 바와 같이, 옛날부터 작은 섬나라 영국에는 켈트족이 평화스럽게 살고 있었다. 그런데 기원 후 43년에 로마 제국이 유럽 대륙을 평정하면서 영국도 침략하게 되었고, 그 후 410년까지 무려 367년 간 영국을 지배하게 되었다. 이 시기를 초기 고대 영어 사회라고 하는데, 이때에 로마제국은 영국의 정치, 경제, 사회, 문화, 언어, 과학, 종교 등 전반적인 영역을 로마 문화의 틀 속에 잠입하게 만들었다. 영어의 모든 정치, 경제, 사회, 과학, 종교의 용어가 라틴어로 되어 있는 것도 그런 이유 때문이다. 그 당시 유럽을 지배하던 로마제국은 약 4만 군대를 주둔시켜 영국을 통치하였다. 그 후 게르만 민족의 융성으로 로마제국은 멸망을 하게 되었다. 이 로마제국의 멸망은 정치적인 패망뿐만 아니라, 문화적인 소멸이었다는 것은 누구에게나 이해될 수 있는 사실이다. 그러나 그들이 사용하던 로마인의 언어인 라틴어까지 사어(死語)가 된 사연은 무엇인지 무척 의문스럽다. 라틴어를 사용하던 로마제국의 후손들은 지금도 살아 있는데 왜

라틴어만 사어가 되었을까? 이런 점은 우리가 세계화를 실행하는 과정에서 반드시 이해할 필요가 있다. 왜냐하면 그런 정치적 패망과 문화적 소멸 과정이 현대 문화사적인 의미에서 우리에게 많은 점을 시사해 주고 있기 때문이다. 역사적으로 보면, 켈트족은 결국 로마제국이 410년에 영국에서 철수하게 되면서 힘의 공백이 생겼고 군사적으로는 힘의 균형을 잃게 되었다. 이로 인해 영국 북방의 여러 부족들이 영국을 자주 침입하였고 켈트족은 국방에 불안을 느끼며 살고 있었다. 그런 국내외적인 정세 속에서 450년에 게르만 민족인 앵글, 색슨족이 영국 땅을 침입하여 켈트족을 북방과 아일랜드로 몰아내고 영국 땅을 통치하게 되었다. 그래서 지금 영국 하면, 앵글 색슨족이라는 명칭을 갖게 되었고, 앵글 색슨족이 곧 영국인이 되게 되었다. 그들의 통치 기간은 1066년까지 무려 616년 간 계속되었으며, 그 기간에 영국에서는 주로 독일어를 사용하였고, 학자들은 그 기간을 고대 영어 시대라고 부르게 되었다.

그 당시 앵글 색슨족이 영국에 침입하여 섬나라 영국을 7개의 부족 국가(heptarchy), 즉 켄트(Kent), 석세스(Sussex), 웨섹스(Wessex), 노섬브리아(Northumbria), 이스트 앵그리아(East Anglia), 멀시아(Mercia)로 분할하여 통치하였다. 그 후 강력한 지도력을 가진 지배자 알프레드 대왕이 통일 국가를 건설하여 1066년 에드워드(Edward) 왕까지 616년 간 영국을 통치하게 되었다. 마지막 에드워드 왕이 후사를 갖지 못하고 서거하자, 웨스트 색슨(West Saxon)의 고드윈(Godwin) 백작의 아들인 헤로드(Herod)가 왕위를 계승하게 되었다. 그러나 지금의 프랑스 노르만디 해안의 공작으로 있었던 에드워드의 사촌 윌리엄 공이 그가 왕권을 이어받을 것으로 기대하였으나 그렇게 되지 못하자 이에 불만을 품고 농민 군대 4만을 이끌고 영국 왕실을 침략하여 앵글 색슨속이 동지하던 게르만족 국가를 무너뜨리고 프랑스 사람이 통치하는 국가를 건설하였다. 에드워드 왕이 정권을 잡고 있을 당시 윌리엄 공은 에드워드 왕에게 충성을 다했기 때문에 왕위 계승은 당연히 그의 것으로 생각하고 있었다. 윌리엄 공은 야심찬 봉건지주로서 그가 지배하는 농민들을 절대 착취하거나 괴롭히지 않았고 농번기에는 농민들과 함께 열심히 일하고 농한기에는 농민 군대를 조련시키면서 왕권을 준비하며 때를 기다리고 있었다. 이런 윌리엄 공의 기대와는 달리 왕권이 헤로드에게 계승되자 이에 승복하지 못하고 1066년 9월 5일 영국 왕실 침공 작전을 개시하여 12월 24일 크리스마스 이브(Christmas Eve)에 영국 왕실을 완전히 정복하고 프랑스의 노르만디 왕국을 건설하게 되었다. 그 당시의 상황이 얼마나 처참했는지는 1338년에 지은 로버트 어브 브르네(Robert of Brunet)의 시 속에 잘 묘사되어 있다.

초기 고대 영어 시기에 로마가 기독교를 도입함에 따라 고대 영어에 없는 많은 새로운 개념들이 들어오기 시작하자 이 개념들을 라틴어로부터 차용해서 사용할 필요성이 있었다. 고대 영어는 기존 어휘의 뜻을 수정하거나 있던 어휘를 두 개 또는 그 이상 연결시켜 복합어를 만들어 새로운 개념을 나타냈다. 여기서 신조어의 힘이 생겨났지만, 한편으로는 라틴어를 원어 그대로 차용어로서 가져올 수밖에 없었다.

로마 문화는 고대 영어 사회를 유럽 대륙 문화의 일원이 되게 했다 초기 고대 영어 시기에 들어온 라틴 어휘는 다음과 같이 기독교와 밀접한 관계를 가지고 있다. 그 첫번째는, 성직에 관한 용어들이다. 예를 들어, altar(제단), candle(촛불), cowl(두건), creed(신조), disciple(사도), font(세례반), nun(수녀), mass(대중), shrine(성골), temple(신전), abbot(하나님), abbess(여자 수도원장), alms(자선품), acolyte(반승), archbishop(대주교), angel(천사), anthem(송가), apostle(사도), canon(정론), clerk(사무원), chalice(컵), chapter(장), deacon(집사), epistle(서한, 편지), hymn(찬송), martyr(순교자), litany(연도), minister

고대 영어 시기의 라틴어 차용어

차용 영역	라틴어 차용 어휘	시기
성직	altar, candle, cowl, creed, disciple, font, nun, mass, shrine, temple, abbot, abbess, alms, acolyte, archbishop, angel, anthem, apostle, canon, clerk, chalice, chapter, deacon, epistle, hymn, martyr, litany, minister, palm, pope, priest, psalm, stole, offer, shrive, cleric	고대 영어
일상 생활	cap, silk, sack, sock, chest, mat, beet, pear, radish, oyster, lobster, mussel, cook, box, lily, plant	고대 영어
학술 생활	school, master, fever, circle, cell, accent, grammatical, verse, meter, gloss, Latin	고대 영어
기타 다방면	prime, paper, term, anchor, legion, sponge, plaster, fan, giant, talent, mortar, elephant, place	고대 영어

(목사), palm(손바닥), pope(교황), priest(주교), psalm(성가), stole(영대), offer(헌금), shrive(참회하다), cleric(목사) 등이 성직에 관한 차용어들이다. 둘째로, 일상 생활에 쓰이는 용어들이 차용되었다. 예를 들면, cap(모자), silk(비단), sack(자루), sock(양말), chest(가슴), mat(자리), beet(사탕무), pear(배), radish(무우), oyster(굴), lobster(게), mussel(조개), cook(요리사), box(상자), lily(백합), plant(식물) 등이 있다. 세 번째는 학술용어 등의 차용이다. 예를 들면, school(학교), master(교장), fever(열), circle(원), cell(세포), accent(강세), verse(시귀, 시행), grammatical(문법적), meter(미터), gloss(주석), Latin(라틴) 등이 있다. 마지막으로, 앞서 언급한 차용어들 외에도 다방면의 용어를 차용하였다. 예를 들면, prime(제1의), paper(종이), term(기간), anchor(앵커), legion

(군단), sponge(스폰지), plaster(회반죽), fan(팬), giant(거인), talent(재능), mortar(절구, 사발), elephant(코끼리), place(장소) 등이 있다.

노르웨이(Norway)와 덴마크(Denmark)를 거점으로 한 북방에서 쳐들어온 바이킹(vikings)들은 8세기경부터 유럽 각지를 습격하였다. 그 중 덴마크인(Danes)의 지도자인 롤로(Rollo)가 프랑스의 노르만디를 점령하여 정착한 후에 영국을 본격적으로 공격하기 시작하였다. 이들은 793년 린디스판(Lindisfarne)을 약탈했고, 794년에는 쟈로의 성당을 약탈했고, 9세기에는 노덤브리아와 머사(Mercia)를 공략하여 그동안 유럽의 구석구석에 꽃피어 있었던 종교와 문화의 불길을 꺼버렸다.

아울러 그들의 언어가 영어에 잠입하게 되었는데, 예를 들면, band(띠, 밴드), bank(은행), birth(출생), brink(가장자리), egg(계란), loan(대부), race(인종), root(뿌리), scales(눈금), steak(스테이크), trust(신용), want(원하다), window(창문) 같은 단어들이 스칸디나비아(Scandinavian) 언어로부터 차용된 것이다. 영국의 지명 중 Derby, Grimsby, Rugby처럼 _by로 끝나는 명칭이 600여 개나 생기게 되었다.

그리고 영국인의 이름의 Johnson처럼 _son으로 된 것은 바이킹의 영향을 받은 것이다. 그리고 고대 영어 시기에 최고의 명작인 Beowulf는 스칸디나비아의 전설을 모방한 역사적인 민족 서사시이다. 그 내용은 베오울프가 흐롯가(Hrothgar) 왕의 침략을 받고 괴물 그렌델(Grendel)과 싸워서 어떻게 영웅적으로 퇴치했는가를 기록한 것으로 3,000행의 시로 이루어져 있다. 이런 작품을 통하여 고대 영어 시기의 앵글색슨족과 바이킹족과의 문화생활상을 짐작할 수 있다.

영국의 황폐된 교회를 재건하고 문화와 학문을 부흥시키고 사회의 질서를 확립하는데 공을 세운 사람은 알프레드 왕(King Alfred, 848?~899), 단스탄(Dunstan(909~988) ; 959년에 애드가(Edgar)가 왕위에 오르자 캔터베리의 대주교가 됨), 애설월드(Athelwold, 984, 윈체스터의 주교), 오스월드(Oswald, 992, 요크의 대주교(archbishop))들이었다. 알프레드 왕은 덴마크 인인 그스람(Guthrum)을 물리치고 878년에 위드모 조약(Treaty of Wedmore)을 체결함으로써 웨섹스(Wessex)와 머사(Mercia)의 일부 지역에서 바이킹들을 격퇴시켰고, 로마에 학자와 승려를 파견하여 로마의 문물을 수입하였으며, 문헌을 색슨 방언으로 번역하였고, 학교를 건설하여 학문의 진흥을 위해 노력하였다.

기독교가 영국에 처음으로 도입되었을 때에도 라틴어가 영어에 유입되었고, 10세기를 전후해서 일어난 종교개혁운동을 계기로 다시 라틴어가 들어왔다. 이 때 들어온 라틴 어휘는 성격상으로 약간의 차이가 있었고, 종교 원리를 파고들어 가려고 했기 때문에, 이론이 심오해지고 연구의 폭이 넓어짐과 동시에 깊이 파고드는 경향이 나타났다. 학문적인 경우에도 표면적인 탐색 과정에서 심층부에 파고든다는 인상이 짙었기 때문에 자연히 어렵고 좀 더 딱딱한 학문적인 술어가 많이 들어왔다.

✿ 중세 영어 사회(AD 1066~1500)는 900개의 프랑스어 단어를 차용했다

바야흐로 1066년에 윌리엄 공이 주도한 프랑스 민족이 영국을 통치하는 역사가 시작되자 프랑스의 언어, 문화, 정치, 경제, 산업이 영국에 정착하게 되었다. 프랑스 노르만디의 공작 윌리엄이 영국을 정복하여 그 당시에 영국 왕실의 13 공작 중에서 한 사람만 남기고 즉결심에 처형하여 영국인 지배 계급을 몰락시키고, 프랑스 인들이 영국 전역을 통치하는 새로운 국가를 건설하게 되었다. 따라서 프랑스 말을 하는 농민 군대 4만 명이 지배하는 국가가 형성되었자 지배 계급은 프랑스 말을 공용이로 사용하게 되었다. 그렇지만 일반 대중은 영어를 사용하였으며, 학자나 종교인은 라틴어를 사용하여 3개 언어가 통용되는 시대가 되었다. 이 시기를 중세 영어 시대라고 한다.

역사적으로 영국이라는 국가는 침략과 고통을 당한 박해의 왕실이었고, 외국으로부터 수많은 지배와 착취를 당한 집단이었다. 처음에는 로마제국이 그 다음에는 게르만 민족이 그리고 프랑스 인들이 차례로 영국 땅을 강점하여 지배하였다. 노르만디의 프랑스 인들은 영국을 점령한 후에 자신들이 살아가고 후손을 키울 지역이 프랑스가 아니라 영국 땅이라는 것을 인식하게 되었고, 프랑스 인들이 영국에서 지배 계급을 형성하면서 스스로의 자각의식이 생겨 영국 속에 영국인화되는 자각운동이 싹트기 시작하였다. 그런 상황에서 1336년에 프랑스의 왕실이 영국 왕실에게 스코트랜드(Scotland) 백작 선정을 직접 지시하는 등 지나친 내정 간섭을 하자 이에 분개한 영국 왕실은 프랑스 본국 왕실에 대하여 불복종 반응을 보였다. 이에 1337년부터 영국과 프랑스 왕실은 소위 백년전쟁(1337~1453)이라는 끝없는 소모전을 시작하여 1453년까지 무려 백년이 넘게 전쟁을 하게 되었다. 백년이 넘는 전쟁 동안 초기는 영국 왕실이 계속 승전을 하다가 프랑스 왕실이 승전을 하게 되었고, 다시 영국이 승전을 하는 등 엎치락 뒤치락 승산없는 소모전이 백년 동안 계속되었다. 이런 어려움 속에서 프랑스의 성녀 잔다크(Joan of Arch, Jeanne d'Arc, 1412~431)가 나타나 프랑스를 구하고 프랑스의 승전에 결정적인 역할을 하게 되어 지루한 백년전쟁은 막을 내리게 되었다.

백년전쟁으로 프랑스 출신의 영국 귀족들은 스스로 프랑스 인이 아니라 영국인이라는 자각의 기회를 갖게 되었고 영국 서민들과 융합하는 민족 통합의 계기가 되었다. 영국 서민들은 전쟁에서 용감하게 싸워 공을 세워서 모든 백성이 추앙하는 기사가 될 수 있었고, 그 기사가 된 영국 서민이 프랑스 출신의 귀족 딸과 결혼하여 민족의 혼합을 이룩하는데 기여했다. 뿐만 아니라 프랑스 출신의 영국 귀족들은 예쁜 영국 서민 여성들과 결혼하여 민족이 결합하는 계기를 만들었다. 다시 말해서 이런 이민족의 침략을 통하여 하나의 통일 민족으로 융합하는 역사적 대장정이 이루어지고 있었다.

백년전쟁이 끝나고, 영국은 영어 문학이나 공문서를 라틴어나 프랑스어로 대체하였다. 현재 영어 어휘의 많은 부분(60%)이 라틴어나 프랑스어에서 기원을 가지고 있다는 것은 그 증거가 된다. 1066년부터 1250년경까지 정부와 행정용어, 교회용어, 법률용어, 군사용어, 예술, 학문, 의학, 과학, 유행, 식사, 사회 생활 등 약 900개의 프랑스어 단어가 영어에 차용되었다. 고대 영어 방언인 웨스트 색슨(West Saxon) 방언이 약화되었고 고대 영어의 모든 방언은 동일한 지위를 가졌다. 영어는 서민들의 일상적인 구어체 언어로써 사용되게 되었다. 바야흐로 중세 영어 기간은 3개 국어가 통용되는 시기가 되었다. 예를 들면, 고대 영어의 ask, 프랑스어의 question, 라틴어의 interrogate 등 3개 언어가 공용하게 되었다.

중세 영어 시기 3개 국어의 어휘 공존

고대 영어(독어)	중세 영어(프랑스어)	라틴어	고대 영어(독어)	중세 영어(프랑스어)	라틴어
rise	mount	ascend	ask	question	interrogate
fast	firm	secure	fire	flame	conflagration
time	age	epoch	holy	sacred	consecrated
fear	terror	trepidation	goodness	virture	probity

중세 영어 시기에 프랑스어들이 차용되면서 영어 표현이 다양해지기 시작했다. 예를 들어, 고대 영어에서는 smell이라는 단어만 있었으나,

프랑스의 침입으로 aroma(향기), odor(냄새), scent(향기), perfume(향수), fragrance(냄새), stink(악취) 등 다양한 표현들이 사용되었다. 프랑스에서 confess(고백하다), defend(방어하다), compose(작곡하다), improve(증진하다), envy(부러워하다), noble(고상한), prince(왕자), people(사람), witness(증언), crime(범죄), army(군), warrior(무사), peace(평화) 같은 단어들이 들어와서 고대 시기의 순수한 고대 영어 단어들이 없어진 경우도 있다. beef(소고기), mutton(양고기), veal(송아지고기), pork(돼지고기) 같은 단어들도 프랑스에서 들어왔고, ox(황소), sheep(양), calf(송아지), swine(돼지)처럼 고대 영어 단어가 그대로 남아 있는 경우도 있고, 다른 의미로 구분하여 사용하는 경우도 생기게 되었다.

❁ 영국의 르네상스 운동은 영어를 세계어로 도약하게 했다

바야흐로 백년전쟁의 결과, 영국 사회는 많은 변화와 개혁을 맞게 되었다. 영국에서는 1500년대에 들어와 이런 사회적인 변화에 힘입어 르네상스(Renaissance) 운동이 일어났으며, 영국 사회는 큰 변혁과 발전의 시대에 진입하게 되었다. 그 결과 문화사적으로 볼 때 영국 사회는 다음과 같은 큰 변혁과 발전을 이루게 되었다. 아울러 영국 사회는 다음과 같이 정치, 경제, 과학, 의료, 문화, 예술, 군사적으로 찬란한 결실을 맺게 되었다.

첫째, 영국에서 과학이 발달하여 인쇄술이 보급됨으로써 서민들 누구나 책을 구할 수 있게 되었고 이는 산업화 시대로 돌입하는 기틀을 마련해 주었다. 이런 영국의 산업화는 곧 한 국가를 선진화하게 하였고 세계 최강의 국가로 부상하게 만드는 원천이 되었다. 영국의 산업화는 생산성을 높여서 국민 경제를 풍요롭게 만드는 계기가 되었다.

영국의 르네상스 운동 영향

단계	르네상스의 변화 영역	그 영향과 결과	비고
1	인쇄술의 발달	과학의 발달과 책 보급으로 서민의 지식 충족	지식, 기술 산업 발달
2	대중 교육 기회 확충	지식 산업으로 중산층의 형성	문맹 퇴치
3	매스 커뮤니케이션	계층간의 소통, 지역 소통, 무역 강화로 부강해짐	경제 대국
4	서민의식의 향상	영어 모음 대변화 현상 (중세 영어의 발음 변화)	영어의 세계화

둘째, 이런 산업화로 일반 서민 누구나 대중 교육의 기회를 가질 수 있는 기반이 구축되었다. 과거에 왕족이나 귀족들만이 학교 교육을 받던 틀에서 벗어나 일반 서민들도 누구나 대중 교육을 받을 수 있게 되었고, 그 결과 서민의 의식이 깨이게 되어 영국 사회를 선진 문명 사회로 전환시키는 계기가 되었다.

셋째, 이런 산업화와 대중 교육으로 다양한 분야에서 매스 커뮤니케이션(Mass communication) 시대를 열게 되었다. 그 당시 매스 커뮤니케이션은 계층 간의 갈등을 결혼으로 해소하는 결과를 더욱 촉진시켰으며, 지역과 지역의 갈등은 상호 왕래와 상거래로 해소하였고, 영국 왕실은 해상 국가로서 무역을 장려하여 국가와 국가 간의 통상으로 국가를 부유하게 하였다. 그리고 그 당시 영국에서는 모든 대중 매체의 소통과 발달이 서신, 신문, 책 등을 통해서 효과적이고 효율적으로 이루어졌다.

넷째, 이런 제반 여건은 영국인의 사회 의식을 급변하게 만들었을 뿐만 아니라 모든 계층이 스스로 신분 상승을 할 수 있는 기회를 제공하게 되었다. 이 모든 것이 영국 서민들의 언어 생활에 그대로 반영되어 있다. 그 당시 영국 영어 발음은 누가 변화 시키자고 지시하지노 않았는데, 영국 서민들 모두 품위 있는 영어 발음을 사용하기 위해서 스스로 변하는 개혁

된 모습을 보임으로써 영국 서민들이 변화하는 시대에 살고 있다는 것을 느끼게 만들었다. 바야흐로 영국은 정치, 경제, 사회, 문화, 산업, 군사 등에서, 그들은 어느 한 가지도 세계 최강이 아닌 것이 없이 가장 힘있고 산업화된 선진 국가를 이루게 되었다.

15세기 르네상스 운동의 결과, 산업화는 급진적으로 진행되었고, 영국은 세계적인 선진 대국이 되었다. 그 당시 영국은 곧 세계요, 세계는 곧 영국이었다. 그 결과, 영국은 24시간 해가 지지 않는 나라요, 식민지를 보유한 대영제국이 되었다. 그런 사회적인 분위기를 반영하듯이, 문화적으로는 셰익스피어(Shakespeare, http://www-tech.mit.edu/Shakespeare/works.html) 같은 대문호가 나타나 영국 문화의 세계화를 촉진시키는 대표자가 되었다. 지금까지 몇 세기가 지난 후에도 그가 창작한 작품들은 가장 영향력 있는 문화 콘텐츠로 문학, 예술, 연극, 음악, 미술 등 다양한 분야에서 활용되고 있다. 셰익스피어는 정규 학교 교육을 많이 받지는 않았다. 그 당시 지식인들은 그를 라틴어도 모르는 까마귀라고 무시했지만 그는 영국인으로서 세계에서 제일 많은 어휘(3십 5만 개)를 사용하여 주옥같은 문체로 수많은 희곡작품을 완성하여 영국이 제일 자랑하는 세계적인 대문호가 되었다. 그 당시 그가 쓴 작품의 양과 질은 상상을 초월할 정도로 방대하고 주옥 같은 것들이었다. 영국은 인도를 다 준다 해도 셰익스피어와는 바꾸지 않겠다고 말할 정도로 그에 대한 자긍심이 대단하다.

셰익스피어의 등장은 무엇을 말하고 있는 것인가? 그것은 영국의 강력한 문화의 힘이 세계의 최강임을 의미하는 것이다. 예를 들어, 우리가 올림픽에서 금메달을 하나 취득한 것은 갑자기 얻게 된 것이 아니다. 국민에 의해 축척된 힘이 함축되어 금메달을 취득할 수 있게 된 것이며, 그 축척된 힘이 영광을 갖게 만든 것이다. 또한 노벨상(Nobel Prize, http://www.nobelmann.com/people/nobel/about_nobel/about_ nobel.htm)의

셰익스피어(W. Shakespeare, 1564~1616)

수상도 마찬가지이다. 그 상은 어느 날 갑자기 어느 누군가가 나타나서 수상할 수 있는 것이 아니다. 오랫동안 축적된 지식과 실험의 결정체가 노벨상을 수상할 수 있는 결과를 낳게 만드는 것처럼 셰익스피어의 등장은 문화적으로 영국의 세계 제패에 대한 청신호를 의미하였다. 이러한 결과는 영어를 세계 공용의 의사소통의 도구로 도약할 수 있는 필요 충분 조건을 갖추게 만든 것이다.

김지영의 영어산책(중앙 SUNDAY, 2007년 7월 1일판)에 의하면, 세계에서 최고 권위를 자랑하는 『대영백과사전(*Encyclopedia Britannica*)』 15판은 4400만 단어를 3만 3000쪽에 9500명의 필진이 조사하여 기록하였다니, 세계의 언어들이 사용하는 단어는 천문학적임을 알 수 있다. 그중에서도 영어 단어가 최고 우위를 차지하고 있을 것이다. 흥미로운 것은 그 백과사전의 첫 단어가 a-ak(아악), Ancient East Asian music(동아시아 음악)이라고 한다. "아악"은 우리 나라의 전통 음악이다. 백과사전의 첫 단어가 우리 나라 단어라는 것은 21세기 세계화 시대에 행운이고 길조라고 여겨진다.

영국 사회의 배경과 영국 역사가 주는 교훈은 무엇인가? 영국의 역사는 침략과 억압의 연속이었고, 이민족과 이민족이 뒤엉킨 고난의 역사였다. 그러나 영국인들은 그런 불리한 여건들을 극복하고, 세계 최고의 영광스런 위치로 올라섰다. 불리한 여건을 극복하고 영광으로 승화시킬 수 있는 원동력이야말로 영국이 이룬 세계 제패의 주 요인이요, 힘이라고 할 수 있다. 개인의 역사도 마찬가지다. 고난을 이기고 일어난 자는 꼭 성공하기 마련이다. 영국의 역사로부터 배울 수 있는 교훈은 불리한 여건도 정신 자세에 따라서 한층 더 선진화하고 산업화된 문명 국가로 전환시키는 자극제가 될 수 있다는 긍정적인 견해를 가져야 한다는 것이다.

그러나 역사적으로 보면, 세계의 역사는 한 민족과 국가에게 영광을 지속적으로 부여하지는 않았다. 세계 역사의 흐름은 한때 로마제국에게 패권과 영광을 주었다가 게르만 민족이 융성하자 그들에게 세계 제패의 기회를 주었고, 그 후 프랑스가 세계 제패의 기회를 포착하였으며, 다시 영국이 세계를 제패하는 영광을 갖게 되었다. 1차 세계대전 후에 세계의 주도권은 영국에서 미국으로 넘어가게 되었다. 21세기는 우리 나라가 어떻게 노력하느냐에 달려있고, 이런 시대적인 기회에 선진 영미 문화의 장점을 잘 파악하여 활용한다면 우리에게도 정보화 시대에 그 영광의 역사에 접근할 기회가 분명히 있을 것이다. 우리의 영광스런 역사를 창출하기 위해서 영미 문화의 이해를 통하여, 그 결과를 조기 영어 교육에 활용하고 책략적으로 접근할 필요가 있다.

4

대영제국 박물관에서 영국의 전통을 한눈에 볼 수 있다

　　대영제국의 문화는 영국박물관(The British Museum)에 소장되어 있는 세계적으로 희귀한 고고학 및 민속학 수집품들을 통해 한눈에 볼 수 있다. 영국박물관에는 이런 영국의 찬란한 문화적인 유산을 전시하고 있을 뿐만 아니라, 왕성기에 세계의 여러 나라에서 수집한 고고학적인 유물까지 소장하여 전시하고 있다. 박물관은 런던의 블룸스버리(Broombury) 지역에 위치해 있다. 그곳에는 1802년 프랑스에서 인수한 이집트의 고고학적 희귀한 자료, 1806년에 수집한 타우네레, 1816년에 수집한 엘긴 대리석 조각, 이밖에 크니도스의 데메테르 여신상, 소크라테스의 소형상, 페리클레스의 반신상, 율리우스 카이사르 및 로마 제왕들의 흉상 등이 전시되어 있다. 이외에 아시리아의 날개 달린 황소, 칼데아의 유물, 헨리 8세 궁전의 금붙이 세간, 중앙아시아의 옥수스의 유물, 중국의 벽화·도자기 및 불상 등이 있다. 그밖에 성서의 알렉산드리아 사본, 색슨의 연대기, 마그나카르타, 옛날 인쇄·제본의 견본 등이 소장되어 있다. 2000년 11월 396.72㎡ 규모의 우리 나라관이 신설되었는데, 구석기 유물부터 청자·백자 등 조선 후기 미술품 250여 점이 전시되어 있다.

　　또한 박물관은 왕립학사원장을 지낸 의학자 한스 슬론 경(Sir Hans

Sloane)의 6만여 점에 이르는 고미술, 메달, 동전, 자연과학 표본류 등 방대한 소장품을 1753년 영국 정부가 매입할 것을 의회에서 의결하고, 로버트 코튼 경(Sir Robert Cotton)의 장서와, 옥스퍼드의 백작 로버트 할리(Robert Harley)의 수집품들을 합하여 1759년에 설립, 일반에게 공개하기 시작하였다. 설립 초기에는 17세기 프랑스 고성풍의 진귀한 건물로 그레이트 러셀가에 있던 몬태규(Montagu) 후작의 저택에 전시되었고, 소장품이 증가하자, 1824년부터 로버트 스머크 경(Sir Robert Smirke)의 설계로 동쪽에는 장서용, 서쪽에는 이집트 조각 전시용의 갤러리가 먼저 세워지고, 1852년 중앙부의 옛 건물 자리에 신고전 양식으로 현재의 정면 건물이 완공되었다. 1881년 자연사 소장품들은 사우스켄싱턴에 신축한 자연사박물관으로 옮기고, 박물관 안의 도서관은 몇몇 주요 기관들의 장서를 합하여 영국도서관으로 독립하였다. 또한 1970년부터 민족학 부문 소장품들은 웨스터민스터의 벌링턴가든스에 있는 인류박물관에서 전시하고 있다.

3

세계 속의 미국 문화 알아보기

1

미국의 기원과 미국인, 그들은 누구인가

　미국●은 지리적으로 우리 나라와 먼 나라이지만 정치, 군사, 경제적으로는 긴밀한 관계를 유지하고 있다. 우선 우리에게 강한 의미를 주는 것은 미국은 영국과 달리 짧은 역사를 가지고 있음에도 불구하고 어떻게 세계를 제패하게 되었는가 하는 것이다. 그들에게는 남다른 세계화 전략과 피나는 노력이 있었을 것이다. 도대체 미국이란 나라는 막강한 역동성과 잠재력을 발휘하여 어떻게 세계를 제패했고 어떻게 세계 최강의 국가로 성장하게 되었는지 누구나 궁금할 것이다.

　미국은 1776년에 독립하여 짧은 역사를 가지고 있지만 역동적으로

● 국명 : 미합중국(The United States of America, http://korean.seoul.usembassy.gov/ http://commons.wikimedia.org/wiki/United_States)
위치 : 북아메리카 대륙
면적 : 962만 9091㎢
인구 : 3억 300만 명
수도 : 워싱턴 D.C.(Washington, D.C)
1인당 국민총생산 : 3만 8000달러
통화 : US 달러($)

세계를 지배하였기 때문에 문화를 연구하는 이들에게는 가장 강한 관심의 대상이고, 아울러 그들은 지금 팩스 아메리카나(Pax America)라는 세계 속에서 강자의 역할을 하고 있기 때문에 더욱 관심의 대상이 된다. 이제 세계는 미국이 주도하는 점령지에 평화를 정착시킨다는 강국 논리를 군사와 정치적 논리에 의해서 20세기부터 지금까지 국제 질서가 형성되게 되었다. 그렇게 된 배경과 미국인의 문화의식, 정치의식, 경제의식과 산업의식은 도대체 무엇일까? 과연 다음 세기에도 그들이 세계를 제패할 수 있을 것인가? 이런 점이 우리가 조명해볼 관심사이고 우리 나라가 그들이 가지고 있는 우수한 장점을 어떻게 잘 활용하여 교육에 구현할 것인가가 쟁점일 것이다.

미국의 이민 약사

연도	국가적 행사 및 민족의 이동	이민 정착 지역	비고
1493	콜럼버스 신대륙 발견	북미 도서 연안	원주민과 스페인 교류
1620	청교도 순례 조상 미국 상륙	플리머스	메이플라워 호 102명 도착
1776	미국 13개 주 독립선언	미국 수도 필라델피아	7월 4일 독립기념일
1770~80	아프리카 흑인 노예 입국	남부 지역	아프리카 흑인 10만 명 강제 유입
1840	아일랜드 인, 프랑스 인 이민	동부 지역	극심한 가뭄으로 이동
1848	독일과 이탈리아 인 이민	중부 지역	정치적 망명으로 400만 명 대이동
1880	유대인 대이동	전 미국 지역	유대 학살로부터 250만 명 대이탈
1945	유럽 인, 일본인 이민	하와이, 서부, 남부 지역	제2차 세계대전 후 이동
1955	한국인 이주	남가주 지역	6.25전쟁 후 (1951~1953)
1980	베트남 난민 이주	남가주 지역	베트남 전쟁
1999	남미 난민 이주	플로리다, 마이애미 주	남미 경제 파탄

    역사적으로 보면, 1620년에 종교적인 자유를 갈망하던 영국 청교도들이 메이플라워(Mayflower) 호를 타고 102명이 현재의 플리머스(Plymouth)에 도착한 것이 미국 건설의 원조가 되었고, 그들이 소위 영국 청교도 순례 조상(The Pilgrim Fathers)으로서 미국의 정신적인 지주가 되었다. 그 후 계속하여 미국 신대륙은 영국을 비롯한 유럽 인들의 신세계 쟁탈장이 시작되었고 유럽 강국들의 힘의 각축장이 되었다.

    특히 1776년에 영국으로부터 미국이 독립전쟁 할 당시 스코트랜드인과 아일랜드 인들이 주도적인 역할을 하게 되었다. 그 당시 영국 정부로부터 소외받던 아일랜드 출신들은 미국에서 강하게 독립 투쟁을 하였고 새로운 미국의 지도급 인사들을 배출하였다. 그런 독립 운동의 흐름에서 볼 때 그들은 미국 사회를 형성하는 과정에서 자연스럽게 주류가 되었고, 루즈벨트(Roosevelt)와 케네디(Kennedy) 가 등은 아일랜드 출신으로 미국을 대표하는 인물들로 나타나게 되었다.

그 당시 미국 인구는 3백만 정도로 추산되었다. 미국은 1700년에 들어오면서 광활한 남부의 목화 농장과 서부의 목장을 일구어 갈 노동력이 필요하여 유럽의 노동 상인들은 아프리카에서 흑인들을 마구 잡아 노예로 미국 시장에 팔아넘기게 되었다. 그 당시 약 2500명의 노예가 수입되었고 1775년에는 흑인의 수가 무려 10만 명이 넘게 되었으며, 흑인 노예는 미국의 노동 시장에 주요한 상품이 되었다.

1840년에 아일랜드의 극심한 감자 흉작으로, 1848년 독일과 이탈리아의 정치 실패로 400만 명이, 1880년에 유대인(Jew)의 유럽에서의 학살 도피로 250만 명이 미국에 American Dream을 찾아 몰려왔다. 제1차 세계 대전 후에는 유럽과 일본 이민자들이 줄을 이어 미국에 왔고, 베트남 보트 피난민들이 줄을 이어 미국으로 몰려 왔다. 최근에는 남미와 중동의 정치적·경제적 난민들이 미국에 이주해 왔다.

2007년에 미국의 인구는 3억 3천만 정도인데, 약 83%는 백인, 12%는 흑인, 5%는 동양 사람, 8%는 기타 소수 민족으로 이루어져 있다. 그래서 미국은 이제 세계의 다민족 사회, 즉 인종 용광로(melting pot)가 되었다.

2

미국인의 꿈은 무엇인가

　　미국의 건국 초기 최고의 사상가이자 문학가이며 목사였던 에머슨(Ralph Waldo Emerson, 1803~1882)은 미국인에게 꿈을 심어주는 데 결정적인 역할을 했다. 미국 사회가 본격적인 근대화의 문턱에 들어서는 1830년대에 그는 미국 뉴잉글랜드(New England) 지역에서 역동적으로 목회와 계몽 활동을 시작하였다. 그가 출현했던 당시 미국은 정치적인 독립을 쟁취하였지만 아직 문화적인 독자성을 확보하지 못했던 시기였고, 그 시기에 그는 미국 사회의 정신적인 지주 역할을 하게 되었다. 그의 이런 운동은 신생 국가인 미국이 독자적인 문화의식 건설을 이루는데 튼튼한 기초가 되었다. 다시 말해서, 에머슨이 주장하는 초월주의는 '지적 운동' 혹은 일종의 '문예 운동'이지만 미국에 대한 '사회개혁운동'의 시조가 되었다.

　　그는 미국이 지상에서 가장 강력한 국가이자 지상의 낙원을 건설하기 위해서는 첫째, 미국의 보통 사람이 영웅 대접 받는 사회가 건설되어야 한다고 역설하였으며, 둘째, 누구나 열심히 노력하면 돈을 잘 버는 사회, 즉 자본주의의 꿈이 실현되는 국가가 되기를 강력히 바라고 있었다. 보통 사람이 영웅이 되는 사상을 월트 휘트먼(Walt Whitman, 1819~1892)•이라는 시인이 나타나 실현하는 데 앞장을 섰다. 초등학교 2년 중퇴에 목수이자 노동자 막일꾼이었던 휘트먼은 자신뿐만 아니라 미국의 대자연의 아름다움을 미화하는 서사시인 "자신의 찬가(Song of Myself)"라는 장편의

● 미국의 국민 시인 휘트먼은 미국 국가 형성 시기에 새로운 전통적 가치와 사상의 도래를 알린 국민 작가이다. 그는 에머슨의 초월주의(transcendentalism)를 받아들이는데 이는 그의 시와 사상에 많은 영향을 끼친다. 휘트먼은 영국 시인 워즈워스와 마찬가지로 범신론적 우주 속에서 인간과 자연을 신성시하고 모든 생명은 소중하게 생각하였다. 그에게 있어 개인은 곧 우주이고 신이며 무한의 가능성을 가지고 있다고 보았는데 이는 에머슨의 주요 사상인 자기 신뢰와 확신이 반영된 것이다. 인간 혹은 자연물은 그 자체가 바로 '신'인 것이다. 따라서 예수 그리스도는 '다정한 형제이고 친구'라 여기며 성경이나 종교 같은 것도 결국은 절대적이지 못된다고 여긴 그의 사상은 에머슨의 초월주의 사상에서 영향을 받은 것이다. 그는 또한 미국의 민주주의 도모에 노력했는데 모든 인간은 존엄하고 거룩한 것이니 직업이나 종족, 외형상의 구별없이 모든 인간을 똑같이 하나하나의 우주이고 신의 대표자라고 생각한 것은 그의 민주주의 평등에 대한 신념을 반영해주고 있다.

따라서 전통적으로 서구의 서사시에 등장하는 주인공들은 영웅들이었다. 미국 건국 초기의 청교도 세계에서는 성직자와 같은 종교적인 지도자 상이었다. 그러나 19세기 후반에 들어서 휘트먼의 시에서 약간의 변화의 조짐이 보인다. 미국 사회가 민주주의 사회로 변환되면서 무력에 의존하는 힘센 지도자인 영웅과 정신적 지도자인 귀족은 시대착오적 인물이라고 생각하게 되었다. 그 결과 휘트먼은 그런 영웅들은 현대시에 어울리지 않는 주인공으로 전락하게 만들었고 이런 정치적, 군사적, 종교적 영웅들 대신에 휘트먼이 '자신의 찬가(Song of Myself)'에 내세운 화자는 평범한 민주시민, 즉 자아를 돌보게 하는 능력을 가진 인물이었다. 이런 인물은 영웅이나 주인공이라기보다는 한사람의 화자로서 주변 세계를 노래하는 것이다. 그 화자는 시인 자신일 수도 있고 민주 시민일 수도 있다. 즉 화자는 영웅도 성직자도 아닌 미국사회에서 흔히 볼 수 있는 인물인 것이다. 휘트만 시의 '나'는 인간 개체라면 누구나 지니고 있는 생명의 존엄성에 대한 상징이고 우주 속에 존재하는 생명체이자, 보편적 원리에 입각한 평등을 대변하는 존재이다.

휘트먼이 최초로 「풀잎(Leaves of Grass)」이라는 시집에 자신의 사진에 다음과 같이 묘사하고 있다. 즉 시집 속표지 뒷면에는 '월트 휘트먼, 미국인, 한 야성적인 사나이, 하나의 우주(Walt Whitman, and American, one of the roughs, a cosmos)'라고 적혀 있다. 이 시집의 서문에서 휘트먼은 미국 시에서 새로운 시대의 도래를 선언하며 이 시집은 휘트먼 시의 성장과 발전을 보여주고 있다. 에머슨 같은 그 당시 미국 최고의 지성은 이 시집을 보고 휘트먼에게 아낌없는 찬사를 보내며 휘트먼의 재능을 발견하며 그가 위대한 시인임을 발굴할 뿐만 아니라 미국의 새로운 사상의 전도사라는 것을 알아차린다.

월트 휘트먼(Walt Whitman, 1819~1892)

시를 창작하여 자신과 같은 미국의 보통 사람이 영웅이 될 수 있다는 가능성을 처음으로 제시하였다. 사실 서사시의 대상은 임금이나 장군의 치적이나 영웅의 행적을 노래하는 시 형태이므로 휘트먼처럼 평범한 사람은 서사시의 대상이 되지 않았으나 그의 사상과 행적은 미국의 보통 사람들이 영웅 대접을 받을 수 있다는 전례를 남기게 되었다.

　이런 에머슨과 휘트먼의 민주주의 평등사상은 정치적으로 연결되어 1860년에 에이브러햄 링컨(Abraham Lincoln, 1809~1865, http://en.wikipedia.org/wiki/Abraham_Lincoln)이 노예해방을 부르짖으며 대통령에 당선되었으며, 그 결과 1861년부터 1865년까지 남북전쟁을 치른 후에 드디어 정치적인 평등사상이 미국을 강타하게 되었고, 서서히 미국 사회에 정착하게 되었다. 카터(Carter)라는 조지아(Georgia)의 땅콩 농부는 주

미국의 정신적 민주주의 평등사상과 그 흐름

인물	미국의 사상적 기저	업적과 사회 기여	비고
에머슨	민주주의 평등사상, 자본주의 사상	초월주의 (신과 인간)	인간 존중, 계몽가, 목사
휘트먼	보통 시민이 영웅이 되는 세상관	자신의 찬가 (서사시)	자연에 대한 찬미, 시인
링컨	노예해방	남북전쟁	1861~1865년, 대통령
커버	노예 출신의 과학자, 봉사자	땅콩 개발 등 인간 생활 존중	흑인 최초의 교수, 생물학박사
카터	일반 시민의 위대한 힘	농부로서 대통령 당선	봉사 활동, 대통령
킹	민권운동가	흑인 신분 개선 기여	노벨상 수상, 목사

지사에 도전하여 지사가 되었고 곧 미국의 대통령이 되어 평범한 미국 서민의 꿈을 실현하는 계기를 만들게 되었다. 그는 대통령에 취임하면서 검정 턱시도(tuxedo)를 입고 최고급 의전 리무진을 타고 의회 광장에서 취임 선서를 한 후 백악관 집무실에 입장하던 전통적인 관례를 깨고, 일상생활에서 즐겨 입던 평상복 차림으로 성경에 손을 얹고 취임선서를 한 다음에 그의 가족과 함께 의회 광장으로부터 백악관까지 걸어가며 국민의 열광적인 성원 속에 악수와 포옹을 하면서 미국 보통 사람들의 꿈을 실현하는 환상적인 축제 분위기를 만들었다. 그는 보통 미국 시민의 꿈을 정치적으로 실현하는 환상적인 현장을 연출한 꿈의 정치가였다. 그는 퇴임 후에도 침례교회 집사로서 주일 학교에서 성경을 가르치는 일상적인 일과 집 없는 가난한 이웃에게 집을 지어주는 일 등, 보통 미국 시민들이 하는 일들을 똑같이 실천하면서 세계 평화를 위하는 일이면 북한의 김일성도 만나는 외교적인 수완을 보이곤 했다. 정치적인 현실과 보통 사람들이 꿈꾸는 이상과는 거리가 있었기 때문에 그는 미국에서 현직 대통령으로서 재선에 실패했지만 미국 대중들의 가슴속에 누구나 정치적 영웅이 될 수

링컨(A. Lincoln, 1809~1865)

있다는 가능성을 보인 대통령 중에 하나였다.

　미국인의 꿈은 첫째, 다민족 사회가 하나의 용광로에 융합되어 개인의 자유를 최대로 존중하면서 조화로운 사회 건설에 주력하는 것이다. 둘째, 보통 사람이 영웅대접을 받을 수 있도록 누구나 평등한 사회를 건설하는 민주주의이다. 셋째, 자유 경쟁 체제로 능력에 따라 개인이 대우받는 자본주의 경제 체제를 신봉하는 사회 건설이다. 즉 미국은 누구나 개인의 능력을 최대로 발휘하여 스스로 노력하면 중산층의 대열에 끼어 잘 살 권리가 보장되는 사회 건설이다.

　21세기에 들어와 미국 자본주의의 상징인 뉴욕세계무역센터 건물이 알카에다의 테러에 의해서 폭파되는 비운을 겪게 되었다. 즉 최근 9.11 테러 사건으로 인하여 미국인의 꿈과 미래 자본주의에 대한 세계 제패의 꿈은 이슬람 문화에 의하여 무력 도발을 받고 있다. 이런 강력한 도전은 역설적으로 미국문화가 주도한 팩스 아메리카나의 계획에 의해서 해외에 800개의 미군 주둔지를 둔 강력한 군사 네트워크를 형성하고 있기 때문이고, 세계 경찰의 역할을 수행하는 과정에서 발생한 필요악일 것이다. 현재 21세기에 이런 미국인의 강인한 꿈의 실현과 외부세계의 도전은 뜻하지 않은 문명 충돌로 시련을 겪고 있다. 이 시점에서 왜 미국은 이런 어려움을 겪고 있는지 문화적으로 이해할 필요가 있다. 따라서 영미 문화 이해가 새로운 세계 질서 형성을 이해하는데 귀중한 자료가 될 것이다.

3

21세기도 미국은 세계화의 주역이 될 것인가

21세기에도 미국이 팩스 아메리카나로, 세계화의 주역으로 그 역할을 지속할 수 있을 것인가? 미국 시사월간지 『애틀랜틱 먼슬리(*Atlantic Monthly*)』의 편집장인 컬런 머피(K. Murphy)는 2007년 5월호에서 "우리가 로마인가?(Are We Rome?)"란 주제로 미국과 로마를 체계적으로 비교하면서 부정적인 면에 닮은꼴이 많다고 평가하고 있다.

머피 편집장에 의하면, 로마와 미국은 광대한 영토와 다양한 이민족

로마와 미국의 닮은 점

영역	로마	미국
독선적 통치	디오클레티아누스 황제	조지 부시
자기 중심적 세계관	지중해 내해로 간주, 세계 경영	팩스 아메리카나, 경찰자임, 분쟁 개입
용병 동원	서고트족 용병	헬리버튼 용병, 보안업체 애용
접경 민족과 관계	반달족 동고트족 침략	멕시코 이민자 대거 유입
타락한 사회	네로 황제 때 타락상	포르노, 낙태, 동성 결혼 만연
이라크 전쟁	메소포타미아 정복 좌절	수렁에 빠진 이라크 전쟁

으로 구성된 것이 비슷할 뿐만 아니라, 조지 부시 대통령의 독선적 통치가 마치 로마의 디오클레티아누스(Diocletianus, 284~305) 독재 스타일과 동일하다는 것이다. 부시는 선과 악 구분에 의한 이분법적 세계관을 가지고 미국이 세계의 구세주로서 그 역할을 다하여야 한다고 생각하고 있다. 미국이 멕시코 불법 이민자의 유입으로 사회적인 진통을 겪고 있다면, 로마는 반달족과 동고트족의 침략으로 고통을 받은 점이 공통적이라고 평가하고 있다. 로마에서 네로 황제의 타락이 마치 미국에서는 포르노, 낙태 만연, 동성애 결혼 등의 도덕적 불감증이 대신 자리 잡고 사회를 고통스럽게 하고 있는 것과 같다고 머피는 비교하고 있다. 로마는 메소포타미아 문명(이라크 지역)을 정복하지 못하였고, 미국도 이라크를 침공하여 그 수렁에 빠져 있는 점도 동일하다고 보고 있다. 과거 미국 건국 초기에 조지 워싱톤은 '카토(로마의 정치가, 18세기 영국 조지프 에디슨의 희곡 작품의 제목)'를 가장 선호하는 인물이자 작품으로 꼽았고, 그 작품에서 카토의 긍정적인 면을 닮고자 노력하였다. 그러나 미국은 지도자 한 사람에 의하여 움직이는 국가가 아니고, 다수의 민주 시민이 이끌어가는 국가이므로 그 당시 로마 정세와는 전혀 다르다고 평가된다. 그리고 미국은 건전한 민주주의 정치 체제와 자본주의 경제 운영이 잘 형성되어 있는 것도 장점이다. 다민족 사회로 구성된 미국이지만 영어라는 단일 언어로 통일하여 의사소통을 하는 장점을 갖고 있다.

4

미국을 움직이는 힘은 노벨상 수상자들의 경쟁력에서 나온다

　　1901년 노벨상이 제정된 이래 세계의 우수한 석학들이 수상의 영광을 안았고, 노벨 수상은 국가의 경쟁력으로 평가되고 있다. 특히 지난 20년간 노벨상 수상자를 가장 많이 배출한 연구 기관은 미국이 전 세계에 자랑하는 MIT 공대인 것으로 조사됐다. 2007년 6월 1일 한국과학기술정보연구원의 해외과학기술동향 보고서에 의하면 독일 쾰른경제연구소(Institut der deutschen Wirtschaft Koeln)가 최근 노벨상 수상자의 소속 기관을 조사해 지난 20년 간 물리학, 화학, 의학, 경제학 분야에서 노벨상 수상자를 최대 배출한 세계 10대 기관을 발표했다고 한다. 1985년부터 가장 많은 노벨상 수상자를 배출한 기관은 미국의 MIT 공대였다. 총 12명이 MIT 소속이었으며, 그 다음 2위가 9명의 수상자를 배출한 독일의 막스플랑크연구협회(MPG)였다. 이어 미국의 스탠포드 대학은 7명이 수상하였고, 미국의 시카고 대학, 미국의 콜롬비아 대학, 미국의 프린스턴 대학이 각각 6명씩 수상을 하였으며, 미국의 하버드 대학, 미국 칼텍연구소 등에서는 각각 5명이 수상하였으며, 미국 텍사스 주립대학이 4명을 수상하였다.

　　지난 20년 간 이 4개 분야에서 노벨상을 수상한 학자는 총 180명이다. 조사 결과에 따르면, 180명의 노벨상 수상자는 세계 모두 97개 기관에 분산되어 있다. 그 중에서 상위 10대 기관● 이 지난 20년 동안 노벨상 수상자의 약 1/3을 배출했다. 이들 기관은 최소 1개 분야 이상에서 수상자를 배출했다. 미국의 시카고 대학은 경제학 분야에서만 모두 6명의 수상자를 배출해 경제학에서 세계 최고 수준의 대학임을 입증했다. 이런 자료는 미국이 세계에서 초강대국으로서의 지위를 유지하는 힘이 무엇인지를 말해 주고 있다. 즉, 미국의 저력이 대단하다는 것을 발견할 수 있는 자료이다.

● 세계 10대 노벨상 최대 배출 기관(1985년 이후, 4개 연구 분야)
 1. MIT(미국) 총 12명 : 화학 2, 의학 3, 물리학 5, 경제학 2
 2. MGP(독일) 총 9명 : 화학 3, 의학 3, 물리학 3
 3. Stanford Univ.(미국) 총 7명 : 물리학 5, 경제학 2
 4. Chicago Univ.(미국) 총 6명 : 경제학 6
 4. Columbia Univ.(미국, New York) 총 6명 : 의학 2, 물리학 1, 경제학 3
 4. Princeton Univ.(미국) 총 6명 : 의학 1, 물리학 3, 경제학 2
 7. Harvard Univ.(미국) 총 5명 : 화학 2, 물리학 2, 경제학 1
 7. Univ. of California(미국, Santa Barbara) 총 5명 : 화학 2, 물리학 2, 경제학 1
 7. CALTEC(미국) 총 5명 : 화학 3, 의학 1, 물리학 1
 10. Univ. of Texas(미국, Dallas) 총 4명 : 화학 1, 의학 3

5

스미스소니언 인스티튜션은 미국 역사와 과학의 교육장이다

　미국을 한눈에 볼 수 있는 곳은 스미스소니언 인스티튜션(Smithsonian Institution)이라고 말해도 과장이 아니다. 왜냐하면 그곳은 미국의 역사, 과학, 예술을 집약해 놓은 곳이기 때문이다. 워싱턴 DC에 중심 시설을 갖추고 그 외에 뉴욕을 비롯한 여러 곳에 산하 기관을 운영하고 있는 스미스소니언 인스티튜션은 '스미스소니언 왕국'으로 불릴 정도로 엄청난 규모를 자랑하는 특수 학술 기관이자 전시, 연구 기관이다. 이 기관은 미국의 역사, 과학, 예술의 최대 보고로 일컬어지고 있다.
　스미스소니언 인스티튜션은 영국의 과학자인 제임스 스미슨(James Smithson, 1765~1829)의 유산을 기금으로 1846년에 설립된 학술 기관이다. 스미슨은 당초 이 기금을 영국의 학사원(Royal Society)에 기증할 계획을 세웠으나 의도와는 달리 1935년에 전액이 미국으로 전해져 미국의 거대한 역사적 기관을 위해 사용되게 되었다. 이 엄청난 기금을 전해 받은 미국 의회에서는 오랜 시간 동안 협회 조직 형태와 활동 내용 등을 논의, 결국은 기금을 전달 받은 후 10여 년이 지나서야 스미스소니언 인스티튜션이라는 기관을 발족하게 되었다.
　워싱턴 DC의 국회의사당을 중심으로 양 옆으로 늘어서 있는 스미

　스소니언 인스티튜션은 크게 박물관과 각 분야의 연구 보존 업무를 담당하는 학술 기관으로 구분된다. 박물관만 모두 16개가 있는데 이중 '자연사박물관(National Museum of Natural History)', '미국역사박물관(National Museum of American History)' 등 9개의 박물관은 국회의사당 앞에 위치해 있으며 국립전시관(National Mall)이라고 불리는 거대한 스미스소니언 인스티튜션 중심 구역 내에 자리 잡고 있다. 그 외 5개의 박물관과 '국립동물공원(National Zoological Park)'으로 불리우는 동물원은 워싱턴 DC 내 다른 지역에, 디자인 박물관인 '쿠퍼-휴윗 국립디자인박물관(Cooper-Hewitt, National Design Museum)'과 '국립미국인디언박물관(National Museum of the American Indian)'은 뉴욕 시에 자리 잡고 있다. 각종 동물의 연구를 위한 목적으로 운영되고 있는 동물원은 현재 2,000여 종류가 넘는 각종 동물들이 살고 있어 이 지역 최고의 관광 명소로 이름나 있다. 이 박물관은 미국의 과거, 현재, 미래의 과학, 예술, 역사, 문화를 한눈에 관찰하고 생각할 수 있는 귀중한 교육장이다.

6

미국을 집결시키는 힘은 국기와 국가에도 있다

　미국의 최초의 국기는 1776년에 조지 워싱톤과 2명의 보조자가 고안하였으나 그 후에 여러 차례 변형되어 왔다. 미국 펜실바이아 주 필라델피아 시의 베지 로스라는 재봉사가 국기를 만드는 데 크게 기여했다고도 한다. 미국 국기의 붉은 색은 용기를 나타내고, 흰색은 자유를 나타내며, 푸른 색은 충성을, 50개 별은 각 주의 숫자를 나타내고, 13개의 줄은 원래 독립 당시의 주를 나타내고 있다. 미국 학교에서는 수업하기 전에 이 국기 앞에서 다음과 같이 맹세를 한다. "나는 모든 사람에게 자유와 정의를 갖고 하나님의 보호 아래 분할할 수 없는 한 국가를 이룩할 것을 미합중국의 국기와 공화국에 충성을 다할 것을 맹세합니다."라고 한다.

　미국 어린이들은 국기의 맹세가 끝나면 '국기에 반짝이는 별(The Star Spangled Banner)'이라는 애국가를 부른다. 1812년에 미국이 영국과 또 한 차례 전쟁을 치르던 중에 프랜시스 스코트 키 변호사가 제임스 매드슨 대통령의 위임을 받고 영국군 진영에 갔을 때의 일이다. 협상이 안 되어 불안한 밤을 지새고, 새벽에 일어나 이젠 미국군이 영국군에 함락되었구나라고 생각하면서 새벽 아침에 밖을 바라보니 성조기가 펄럭이고 있었다. 키 변호사는 너무 감격하여 호주머니에서 종이를 꺼내서 단숨에 시를 적었는데 그것이 미국 국가가 되었다. 미국 국가는 '오! 말해보시오. 지난 밤 황혼의 섬광 속에 그렇게 자랑스럽게 함성을 지르던 것을 새벽의 빛에서 볼 수 있는지요? 험난한 전투를 치룬 성조기가, 성벽 너머로 힘차게 펄럭이는 것을 우리가 보고 있는가? 봉화의 붉은 불꽃, 공중에 터진 폭탄 빛은, 지난 밤도 우리의 국기가 아직도 거기에 건재함을 보여주었다. 오! 말해주시오, 성조기가 자유의 땅과 용기의 고향에서 아직도 휘날리고 있는가?"● 라고 부르고 있다. 이 시를 쓴 피디날도 듀란이란 영화 배우가 "천국의 아나크레온에게(To Anacreon in Heaven)"라는 옛날 영국의 노래 곡에 맞추어 부른 것이 국가가 되었다.

● The Star Spangled Banner (1814)

Words by Francis Scott Key, Music by John Stafford Smit

O say, can you see, by the dawn's early light,
What so proudly we hailed at the twilight's last gleaming?
Whose broad stripes and bright stars, through the perilous figh
O'er the ramparts we watched, were so gallantly streaming?
And the rocket's red glare, the bombs bursting in air,
Gave proof though the night that our flag was still there.
O say does that star spangled banner yet wave
O'er the land of the free, and the home of the brave?

On the shore dimly seen through the mists of the deep.
Where the foe's haughty host in dread silence reposes,
What is that which the breeze, o'er the towering steep,
As it fitfully blows, half conceals, half discloses?
Now it catches the gleam of the morning's first beam,
In full glory reflected now shines in the stream:
'Tis the Star-Spangled Banner! O long may it wave
O'er the land of the free and the home of the brave.

7

미국 문화는 매스 커뮤니케이션을 통하여 세계화하게 되었다

21세기 정보화시대에 미국 문화는 언론의 막강한 힘과 재력을 바탕으로 전세계로 활발하게 전파되고 있다. 현대 미국의 언론 기관은 미국 정부보다도 어느 재벌보다도 막강한 힘과 재력을 가지고 있다. 이런 재력은 미국 신문과 잡지와 방송의 보급률을 세계 제일로 올려놓고 있으며, 그런 힘에 의하여 정치, 경제, 사회, 문화, 과학, 의학, 예술, 영화, 음악, 교육을 전세계로 전파시키는 역할을 하고 있다. 미국의 주요 핵심 도시 뿐만 아니라, 미국의 각 주와 작은 지방마다 일간지를 따로 발간하고 전세계에 미국 문화를 보급하거나 교류하고 있다. 즉, 미국의 지방도 세계화에 앞장서서 미국 문화를 세계에 수출하고 있다. 세계의 여러 나라처럼, 우리 나라의 방송사와 신문사들도 해외 뉴스를 CNN, AP, UPI 등 주된 통신사로부터 받고 있다. 이런 뉴스 취재원은 미국 최대 일간지가 지닌 정보의 힘으로부터 나온다. 미국에서 1천 만부 발간을 자랑하는 『USA 투데이(*US Today*)』가 있으며, 100만 부 이상의 일간지로 『월스트리트 저널(*The Wall Street Journal*)』, 『뉴욕 타임즈(*New York Times*)』, 『로스앤젤레스 타임즈(*Los Angeles Times*)』 등이 있다. 그 밖의 주요 일간지는 『워싱턴 포스트(*Washington Post*)』, 『시카고 트리뷴(*Chicago Tribune*)』 등이 우리 나라와 활발히 언론 정보를 교류하고 있다. 세계적으로 잘 알려진 1천 만부 이상의 독자를 가지고 있는 미국 시사주간지는 『타임즈(Times)』, 『뉴스위크(Newsweek)』, 『US 뉴스 앤드 월드 리포트(US News & World Report)』 등이 있다. 세계적인 미국 잡지도 최고 2000만 이상 발간되어 막강한 미국 문화의 전도사 역할을 하고 있다. 그런 미국 최고 잡지는 『TV 가이드(TV Guide)』이고, 보통 100만 부까지의 월간, 격월간, 주간지가 100여 개나 되고, 그중 200만 부 이상인 것이 30여 개나 되어 이것들이 모두 미국 문화의 막강한 힘과 전파자 역할을 하고 있다.

언론기관명	종류	판매부수/시청	주요 활동 내역
USA 투데이	일간지	1천만 부 이상	미국 문화의 한국에 전파
월스트리트 저널	일간지	1백만 부 이상	미국 경제의 전파 주역
뉴욕 타임즈	일간지	1백만 부	미국 정치의 전파 주역
로스앤젤레스 타임즈	일간지	1백만 부	미국 생활의 전파 주역
워싱턴 포스트	일간지	1백만 부	미국 정치의 전파 주역
시카고 트리뷴	일간지	1백만 부	미국 정서의 전파 주역
타임즈	주간지	1천만 부 이상	미국 의견의 전파 주역
뉴스위크	주간지	1천만 부 이상	미국 문화의 세계화와 생활화
US 뉴스 앤드 월드리포트	주간지	1천만 부 이상	미국 문화의 우월성 선전
TV 가이드	주간지	2천만 부 이상	미국 문화의 세계화 역할
CNN, AP, UPI	주간지	3억 이상 시청	미국 정보의 취재원과 세계화
NBC, CBS, ABC, PBS	MBS의 계열	3억 이상 시청	미국 문화와 교육의 생활화 역할
AM, FM	라디오 방송	2억 이상 청취	미국 문화 보급 창고
월간지, 격간지 등	월간지, 격간지	1백만 부 이상	미국 정보의 근원

미국 라디오와 텔레비전의 주요 방송국은 NBC, CBS, ABC, CNN, PBS 등이 있는데, 그들은 MBS란 공동체를 형성하여 전세계 위성 중계방송에 적극 송출한다. 즉, 그들은 세계 각국의 텔레비전국과 연결되어 있어 미국 문화와 교육 프로그램 전파에 결정적인 역할을 한다. 특히 유선 방송인 CNN은 24시간 뉴스 방송을 하여 미국 문화 전파에 강력한 힘을 발휘하고 있고, 미국 PBS 교육방송은 영어 프로그램 보급을 통하여 세계에 영어 보급의 교육장 역할을 한다. 1997년부터 미국은 현재 라디오 방송국이 AM과 FM 5천여 개가 있어 그들이 미국 문화 전파의 결정적인 역할을 하고 있다. 대부분의 TV 방송국이 미국의 4대 네트워크인 NBC, CBS, ABC, MBS와 제휴하고 있고 제2차 세계대전 이후 급속하게 퍼진 TV는 1998년 현재 1천 5백여 개의 공중파 방송국과 2만여 개의 케이블 TV 방송국이 있어 미국 문화의 전도사 역할을 하고 있다. 1995년 현재 25만 부 이상 발행하는 일간지 수는 50여 개이고, 25만 부수의 발행 일간지 수는 70여 개나 된다. 이들도 미국 문화의 세계화에 일익을 담당하는 강력한 도구이자 무기들이다.

8

미국이 "아침의 나라"에 관심을 갖고 교류를 시작하였다

　　미국은 1834년(순조 34년)에 동양의 "작은 아침의 나라"에 처음으로 깊은 관심을 보이기 시작하였다. 그 당시 미국은 로버츠(Frederick Sleigh Roberts, 1832~1914)를 최초로 조선 조정에 특사로 파견하였으나 수교 성과를 거두지 못하였다. 그 후 1845년(헌종 11년) 미국은 프래트(Z. Frat) 의원을 통하여 조선에 통상교류를 제안하였으나, 그 또한 조선 조정의 세계화 안목이 없어 수교가 이루어지지 않았다. 조선 조정은 우리나라의 산업화를 앞당길 수 있는 절호의 기회를 놓친 셈이다. 그 후 한·미 양국이 공적으로 접촉할 계기를 마련해준 것은 1866년(고종 3년)에 제너럴 셔먼호(General Shuman) 사건과 신미양요라는 미국의 무력시위 사건이 있은 후 부터였다. 세계 최강 국가 미국의 수교 요구에도 불구하고 대원군의 쇄국정책 때문에 두 나라의 수교가 이루어지지 못했다. 그 후 일본에 주재하던 청국의 외교관 황준헌이 교류 권고를 강력하게 요구하여 미국과 교류를 시작하게 되었다. 이때부터 조선 조정은 미국을 영국이나 러시아와 마찬가지로 오랑캐 나라로 간주했던 생각을 바꾸게 되었고, 1882년(고종 19년)에 두 나라는 수교통상조약을 체결하게 되었다. 이에 따라 1883년 5월에는 초대 미국 전권공사 푸드(H. Food)가 입국해서 비준서를 교환하였고, 같은 해 6월 조선의 전권대신 민영익, 부관 홍영식 등을 미국에 파견하였다. 한반도에서는 미국의 도움을 얻어 청국·일본·러시아 세력을 견제하여 새로운 동북아 질서를 형성되게 되었다.

연도	미국특사/ 주관	주관/ 한국특사	교류 협상 내용
1834년 (순조 34년)	프레드릭 로버츠	조선 조정	교류 협상 없음
1845년 (헌종 11년)	지넷 프래트	조선 조정	교류 협상 없음 (쇄국정책)
1866년 (고종 3년)	셔먼	조선 조정 (대원군)	셔먼호 사건-무력시위
1882년 (고종 19년)	미국 정부	조선 조정	청국 외교관 황준헌 중재
1882년 (고종 19년)	프드	민영익	수교 통상 조약 체결
1883년 (고종 20년)	프드	민영익, 홍영식	미국에 특사 파견
1884년	미국 정부 주선	유길준, 서재필	미국 유학
1885년	언더우드	조선 조정	기독교 선교 활동 전개
1885년	하워드	조선 조정	정동병원 설립 (여의사)
1885년	아펜젤러	조선 조정	기독교 선교와 병원 건립
1886년	스크랜턴	조선 조정	배재학당
1898년	미국 정부	일본 정부 비밀 협의	스페인 전쟁 후 필리핀 취득
1896년	미국 정부	일본 정부에게 넘김	경인철도 부설권 취득과 양도
1903년~1905년	미국 정부	조선 조정	하와이 노동자 이주 주선
1905년	미국 정부	일본 정부 묵인	을사보호조약 묵인
1945년	미국 승전	일본 패전	제2차 대전 후 한국 독립
1951년~1953년	미국 정부(유엔군)	한국 정부	미군의 유엔군 6.25 전쟁 참전
2007년대	미국 정부	한국 정부	무역 규모 1000억 불 달성
2007년	미국 정부	한국 정부	한미자유무역협정 체결

그러나 미국은 1898년 스페인과의 전쟁 후에 동남아 지역에서 특히 필리핀을 중시하게 되었고, 미국이 필리핀 지배권을 인정한다는 일본과 비밀협약을 체결하면서, 한반도에서 손을 떼게 되었다. 미국이 일본의 우리 나라 지배를 방관하자, 1905년 11월 한·일간에 을사조약이 체결되었으며, 이듬해 3월 다른 외국 공관보다 앞서 미국 공관을 철수시킴으로써, 그때까지 23년에 걸쳐 맺어졌던 두 나라간의 국교는 단절되었다. 그 당시 미국이 우리 나라에서 취득한 경제적 이권을 보면 1896년 경인철도 부설권(미국이 국교 단절 후에 일본에 양도), 운산금광 채굴권, 서울 수도 시설권 등을 획득하였고, 한성전기회사를 설립하여 우리 나라의 산업화와 근대화에 기초를 제공하였다. 그 당시 미국은 우리 나라 사람들을 1903년부터 미국에 노동이민을 보내기 시작하여 1905년까지 약 7천여 명이 하와이에 이민하여 이후 미국 각지에서 코리아타운을 형성하면서 살게 되었다.

1885년 이후 입국한 언더우드(Horace Grant Underwood, 1859~1916), 아펜젤러(Henry Gerhard Appenzeller, 1858~1902), 스크랜턴(Mary Scranton, 1834~1909) 등이 기독교 선교 사업으로 시작한 교육, 의료, 학술 부문의 모든 시설은 우리 나라가 서구의 근대 문화를 수용하게 되는 획기적인 계기를 마련하였다. 이때 설립된 근대적 교육기관으로는 1886년 이후 배재학당, 이화학당, 경신학교, 평양숭실학당, 제중원의학교, 연희전문 등으로, 이들은 가장 오랜 전통을 가진 사립학교로서 한국 근대 교육의 선구적 역할을 다하였다. 또한 1886년에 설립된 관립 육영공원도 미국에서 초빙된 헐버트(Homer Bezaleel Hulbert, 1863~1949) 등 3명의 교사가 중심이 되어 운영되었다. 그 당시 우리 나라에서 활약했던 미국 선교사들은 1911년 추방당할 때까지 선교 및 육영사업 등을 활발하게 전개하였다. 기독교 선교사로 입국하여 의료 활동을 편 알렌은 1885년 고종에게 건의하여 서양식 왕립병원인 제중원을 설치하게 하였다. 이 병원은 후에 기독선교단에 인계되어 세브란스 병원으로 발전하였다. 또한 그 당시 기독선교단과 함께 온 여의사 하워드(Ebenezer Howard, 1850~1928)도 정동과 종로에 서양 병원을 설립하여 우리 나라 사람들에게 처음으로 서양 의학을 소개하였다. 이런 미국식 의료시설, 기독문화, 교육제도의 전파로 인하여, 1884년 유길준, 서재필 등이 첫 미국 유학생이 되어 미국으로 유학가게 되었으며, 그런 전통의 영향으로 미국은 우리 나라의 면학도들에게 유학의 중심지가 되어왔고, 많은 유학생들은 선각자로서 조국 광복과 조국의 근대화에 중추적 역할을 다하였다. 이와 같이 미국은 격동의 19세기 말기에 우리 나라의 정치, 경제면에서는 큰 영향력은 없었으나, 의학, 교육, 종교 면에서는 근대 서양문화 도입의 선구적 역할을 다하였다.

    1945년 제2차 대전 후에 미국이 승리하자, 우리 나라가 일본으로부터 독립할 수 있게 미국이 기여하여 대한민국이 건국되었다. 1951년 6.25 전쟁이 발발하자 미국이 16개 국으로 형성된 유엔군의 일원으로 참전하여 수많은 희생자를 내면서 우리 나라의 자유민주주의 국가 형성에 결정적인 역할을 하게 되었다. 그 당시 미국은 제2차 대전이 끝나자 트루먼은 루즈벨트의 뉴딜 자유주의 정책을 지속적으로 추진하면서 여러 가지 사회개혁 정책들을 재시도하였으나 성공적인 경제 상황은 아니었다. 그 당시 미국은 몇 차례의 경제적인 위기가 왔으나, 우리 나라의 6.25전쟁으로 미국의 경제적 성장이 지속되게 된 계기가 되었다. 2007년도 미국과 통상 규모가 1000억 불로 성장하게 되었다. 그리고 미국에 유학중인 우리 나라 학생이 10만여 명(미국의 외국 유학생수 중 2위)에 달하면서 상호 통상 교류가 급성장하였다. 현재 미국의 군대가 4만 정도 우리 나라에 주둔하므로 해서 두 나라 간에는 정치, 군사, 경제, 교육의 주요 파트너가 되었다. 2008년 두 나라의 의회가 한미자유무역협정을 비준하면 두 나라는 상부상조하는 실제적인 정치적, 경제적, 문화적, 군사적 동반자가 될 것이다.

4

세계화를 위한 영미 문화 파악하기

영미인은 도대체 누구이며 어떤 삶의 방법을 가지고 있길래 세계화 전략에서 우월적 지위를 점유할 수 있었을까? 이미 언급한 바와 같이, 영국인들은 오랜 역사적 고난의 세월 동안 스스로 영토를 보존하고 확장하여 그 영토에 존재하는 풍부한 자산을 후손에게 물려주고, 그 풍부한 문화 재산을 바탕으로 문예부흥 운동을 일으켰으며, 그 결과 과학의 발달과 산업화를 이루게 된 것이다. 미국은 에머슨이 주장하는 것처럼 민주주의 평등사상과 누구나 열심히 일을 하면 잘 살 수 있다는 자본주의 사상을 기본으로 21세기 세계 최강의 국가를 형성하였다.

그러면 세계화 전략에서 우월적 지위를 가지고 있는 영미인의 의사소통 문화 양식은 무엇일까? 우리는 그런 역동적인 사실을 알고 영미 문화를 이해할 필요가 있다. 그런 그들의 문화적 특성을 잘 활용하여 우리의 우수한 문화 유산의 계승과 발전에 적용하고, 우리 스스로 자기 성찰을 위해서 재발견하는 데 그 척도로 사용할 필요가 있다.

문화를 영어로 "culture"라고 하는데, 홀(Hall, 1959)이란 학자는 "사람들의 삶의 방식(a way of life of a people)"이라고 포괄적으로 표현하고 있다. "문화"란 그 것 뿐만 아니라, "터득한 행동 모형, 태도, 물질의 총체인 인간의 삶의 방식을 의미한다(Culture means the way of life of a people, for the sum of their learned behavior patterns, attitudes, and material things)"고 정의하고 있다. 따라서 문화란 모든 사람들이 살아가는 생활 양식 총체라고 이해하면 된다. 그러나 흔히 문화하면 협소한 의미로 예술가, 서예가, 무용가, 음악가와 같은 특정 직업을 가리키거나 혹은 그런 일이나 작품을 가리키는 것으로 해석하기도 한다. 이 책에서는 홀이란 학자의 광의적인 의미의 문화를 10가지 영역으로 나누어 살펴보고자 한다.

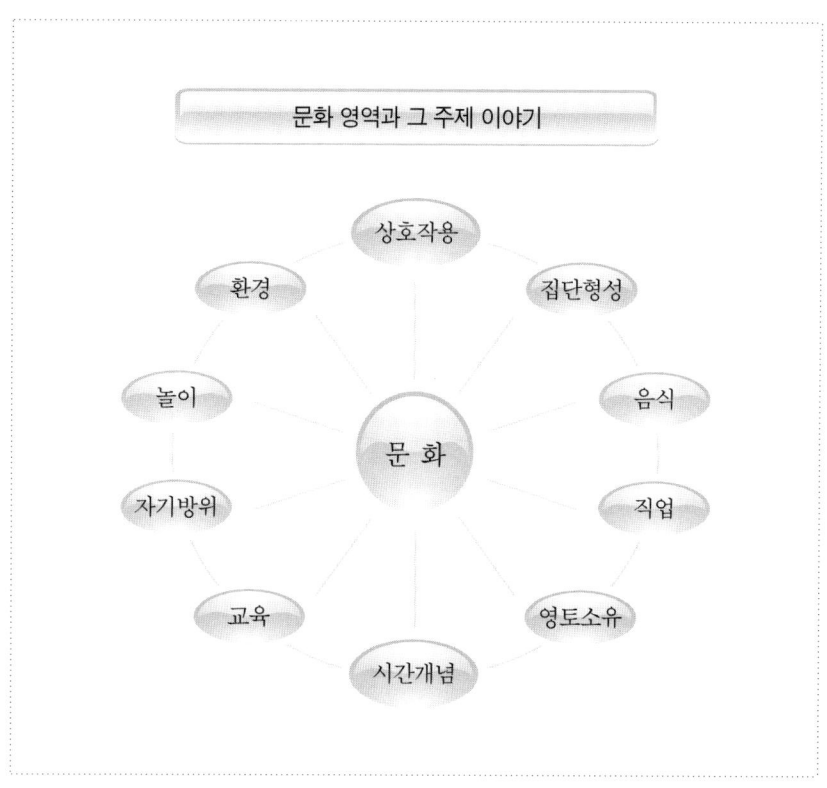

문화를 이해하기 위해서 홀은 (1) 인간 간의 상호작용 활동, (2) 집단 형성 과정, (3) 음식 생활, (4) 직업의 형태와 일, (5) 영토 소유, (6) 시간 개념과 활용, (7) 교육의 관념, (8) 자기 방위 수단, (9) 놀이, (10) 환경과 지역 개발 영역에 대한 이해로 나누어 사람들의 모든 생활 모습을 파악하고자 노력하였다.

1

인간과 상호작용 활동

인간의 상호교류(Interaction) 활동에서 가장 중요한 것은 의사소통 과정이다. 인간이 동물과 다른 것은 말을 할 수 있다는 것이며, 그것 때문에 만물의 영장이 되었다. 따라서 인간 문화란 의사소통의 활동이고 과정이다. 인간의 의사소통에는 두 가지 종류가 있다. 하나는 언어적인 의사소통(verbal communication) 행위이고, 다른 하나는 비언어적인 의사소통(nonverbal communication) 행위이다.

물론 영국과 미국 문화의 의사소통 양식에서 보면 그들은 거의 같은

의사소통의 종류

구분	의사소통	비고
정의	화자와 청자의 상호작용	상호 교류
영역	언어적 활동 : 인간의 음성, 단어, 문장 활용 의사소통 도구 (1) 발음, (2) 어휘, (3) 문법, (4) 의미, (5) 화용	인간의 특성
	비언어적 활동 : 몸짓, 표정, 공간 활용 의사소통 도구 (1) 몸동작, (2) 얼굴표정, (3) 손동작, (4) 공간	동물의 특성

영어를 사용한다. 역사적으로 영어의 형성 과정을 보면, 영국은 외세로부터 많은 침략을 받기도 하고 많은 침략을 하기도 하여 그런 과정을 통하여 다양한 외래 언어를 차용하였기 때문에 다른 어떤 언어보다도 풍부한 어휘를 가지고 있다. 물론 산업의 발달로 어휘의 발명과 신조어가 형성되었다는 또 다른 이유도 있을 수 있다. 그래서 영어 단어 수는 『웹스터(Webster)』사전에 의하면, 3십 5만 정도로 추산하기도 하고, 어떤 학자는 2백만 정도로 추정하기도 한다. 이미 밝힌 바와 같이 대영백과사전의 어휘 목록은 4000만 개로 추산되고 있다.

어쨌든 의사소통 활동을 원활히 하기 위해서 미국의 지역 방언(regional dialect)과 사회 방언(social dialect)의 존재를 구분해서 듣고 이해할 수 있어야 한다. 지역 방언은 북부, 중부, 남부 방언으로 지역적인 편차에 따라 다르게 사용하고 있다. 물론 방언은 지역적 의미에서 북부 방언이 남부 방언보다 우월성과 특권적 의식을 가지고 있다고 알려져 있다. 왜 그럴까? 그 이유는 간단하다. 역사적으로 남북전쟁(The Civil War, 1861~1865)을 통하여 북부가 승리를 하고 북부의 산업화가 남부를 이끌어가는

미국과 한국의 의사소통 도구 요약 : 방언을 중심으로

미국 방언	정의	미국 방언의 종류	비고
지역 방언	지방에서 사용하는 사투리	북부, 중부, 남부 방언	북부 방언의 권위있음
사회 방언	인종, 사회적 계층이 사용하는 사투리	흑인, 치카노, 동양, 인디언 방언	백인 방언을 표준 영어로 설정
표준 영어	미국 백인 중산층이 사용하는 영어	미국식 영어, 영국식 영어	미국식 영어 정착
한국 방언	우리 나라 지역에서 사용하는 사투리	경상도, 전라도, 충청도, 평안도, 함경도, 제주도 사투리	서울 사투리를 표준어로 설정함

정치 경제적인 논리 때문에 그러하다. 그러나 요즘은 텍사스를 중심으로 석유의 생산이 남부의 산업화를 활성화시키고 남부가 부유해지면서 남부도 북부처럼 동등한 정치사회적 우월감을 가질 수 있게 되어 남부 방언에 대한 편견이 많이 사라진 것도 사실이다.

작은 우리 나라 안에서 의사소통을 위한 상호교류 활동의 현실은 어떠한가? 우리 나라에서도 서울 사투리, 충청도 사투리, 경상도 사투리, 전라도 사투리, 제주도 사투리가 지역적으로 상호 다르게 통용되고 있다. 그 중에서도 서울이나 경상도 사투리가 더욱 우월감을 갖는 이유는 미국의 북부 방언처럼 정치적인데서 그 유래와 근거를 발견할 수 있다. 만약 삼국통일을 신라가 하지 않고 백제가 했다면, 해방 후 경상도 출신이 정권을 잡지 않고 전라도 출신들만이 지속적으로 집권했다면, 전라도나 충청도 사투리도 서울 사투리나 경상도 사투리에 못지않게 우월감과 특권의식을 가졌을 것이다. 언어학적인 견해로 보면 모든 사투리는 똑같이 논리적이고 문법적이고 과학적인 의사소통 체계를 가지고 있다. 따라서 모든 사투리가 같은 과학적이고 체계적인 언어 논리 구조를 가지고 있는데도 어떤 사투리가 더 특권적인 것은 전적으로 정치적인 이유 때문이라는 것이 사회언어학자들의 견해이다.

미국은 우리 나라에 존재하지 않는 사회 방언을 가지고 있다. 사회 방언이란 민족적인 인종, 사회적 지위, 경제적 능력 및 신분에 따라 쓰이는 각각 다른 사투리를 말한다. 미국 흑인들은 흑인 영어(Black English)를 사용하고, 멕시컨(Mexican)들은 치카노 영어(Chicano English)를 사용하며, 동양 사람들은 동양 영어(Oriental English)를 사용하고, 인디언들은 인디언 영어(Indian English)를 사용한다. 인종적인 특성과 그 모국어의 영향 때문에 다른 영어가 형성되는데, 그런 영어 사투리를 사회적 방언이라고 한다. 그러나 우리 나라에서는 같은 민족이 살고 있기 때문에 사회 방언이 존재하지 않는 것이다.

　　미국이 세계를 제패한 원동력 중에 하나는 미국 사회에 여러 민족의 언어 사용자가 이민 왔지만 오직 영어만을 사용하도록 정책적으로 강력히 추진하였기 때문이다. 미국 사회는 영어라는 한 언어만으로 의사소통의 용광로를 형성하고 있다. 우리 나라는 다른 나라와 달리 한 민족 국가로서 한 언어인 한국어를 사용하고 있기 때문에 산업화하는데 좋은 여건과 강점을 가지고 있다. 그러나 영어가 국제어로서 그 역할을 하고 있는 한 세계화의 길목에서 한국어만으로는 어려움이 있을 수 있다. 그래서 우리 나라도 영어를 세계화와 정보화의 한 도구로 활용하자는 것이다.

　　우리 나라는 역사적으로 조선 제4대 세종대왕(재위 1418~50)이 창제한 훌륭한 한글을 가지고 있다. 한글은 우리 나라 사람의 발성 기관과 언어 발음 체계에 알맞게 창제된 인류 역사상 유일한 언어 문자이다. 이런 역사적인 보물인 우리 말과 글이 존재하기 때문에 그것을 우리 나라의 귀중한 문화유산으로 더욱 계승 발전시키는 것이 중요하다. 영어를 쓰려면 완전한 영어가 되게 해야 한다. 우리 나라 문장과 영어 단어를 혼용하는 것은 우리 말과 글을 혼탁하게 하는 것이다. 물론 우리 말과 글에 없는 외래어라면 과감히 차용하여 사용하는 것이 효과적인 의사소통 방법이다.

　　미국의 미주리 대학교(The Univ. of Missouri) 언론대학원을 졸업하고 조선일보 기자로 취업한 크리스토퍼 보든(Christoper Bodon) 씨는 우리 나라 정부가 세계화를 부르짖고 정부 국무총리실에 "세계화추진위원회"를 설치했던 당시에 그곳에 전화를 걸었더니 네 번째 전화를 받는 공무원이 겨우 영어를 알아들었는데 그 직원도 세계화의 개념을 영어로 말하지 못하고 있었다고 비판하였다. 정부에서 하는 일이 이런 식이어서는 안 될 것이다. 이것은 가정이지만 예를 들어, 교육인적지원부는 교육 현장 경험이 없는 행정공무원 출신이 현장 선생님을 지시하는 정책을 수립해서는 안 될 것이고, 교육인적자원부의 영어혁신팀에서도 현장 경험이 없는 인사가 정책을 좌지우지한다면 참으로 어처구니없는 일이 될 것이다. 건설부나 시청과 구청에는 건축기사는 한 명도 없이 행정공무원이 건축 인허가와 감리에 대하여 허가한다면 얼마나 황당한 일이겠는가? 보건복지부도 의사나 한의사 없이 한약방에 대한 정책을 수립한다면 이것은 비극적인 일이 될 것이다. 그러나 이것이 현실이 아니길 바라고 있지만 때로는 실제로 그런 상황이 존재할 수 도 있다. 즉, 비전문가가 전문가 역할을 하고 있다는 것이 우리의 현실일 수도 있다는 것이다. 다행히도 과거의 이런 일들이 크리스토퍼 보든 씨와 같은 외국인의 지적을 통해 최근에는 많이 시정되고 있다. 하지만 이번 2007년 7월 7일에 평창 동계 올림픽 유치 실패도 외신 기자들의 분석에 의하면, 우리 나라의 올림픽 위원들의 영어 실력 부족으로 유럽의 위원들을 설득하지 못했기 때문이라고 보도하고 있다. 그러나 러시아의 푸틴 대통령은 영어와 프랑스어로 연설하여 상대국 위원들을 강력히 설득하는 마력을 발휘했다고 한다.

❃ 인사 문화는 세계화 사회로 가는 의사소통의 시발점이다

영미인들의 의사소통 문화에서 가장 큰 장점은 인사에 대한 다양한 표현을 활용하고 있고, 그들은 인사성이 바르다는 데 있다. 그들은 누구에게나 가볍게 인사를 주고받는 개방적인 생활 문화를 가지고 있다. 모르는 사람을 만나도 가볍게 미소를 띠우고 "Hi," "Hello," "How are you?" "How are you doing?" "How have you been?" 등 인사를 하고, 아침이면 "Good morning" 오후면 "Good afternoon" 저녁이면 "Good evening" 저녁 잠자리 들기 전에 "Good night" 등 긍정적이고 적극적인 인사 습관을 가지고 서로 주고받는다는 것이다. 그에 대한 대답으로 "Hi(Hello)" 혹

은 "Fine, thanks(thank you)"라고 한다. 아침 인사면 "Good morning"으로 즐거운 표정과 함께 대답하면 된다. 영미 문화에서는 인사성이 바르고 적극적인 인사 습관을 갖고 있다. 집단 형성 과정에서 혹은 직장에서 인사성은 일의 효율성을 높이고 인간 관계의 자연스런 형성에 큰 도움을 줄 것이다. 이런 영미 문화의 개방성을 세계화 과정에 잘 활용하는 것이 필수적인 일일 것이다.

  그러면 우리 나라 인사 문화는 어떠한가? 우리 나라는 동방예의지국이라고 알려져 있지만, 모르는 사람 간에 인사성은 그리 높지 않은 것 같다. 또한 인사에 대한 표현도 제한적인 것 같다. 왜 우리 나라는 이런 현상이 존재하게 되었을까? 우리 나라 사회는 혈연, 지연, 학연 등에 연관되어 있어 그 안에 있는 사람끼리는 인사를 잘하지만, 다른 사람에게는 무관심한 반응을 보이는 비개방적인 사회 문화 양상을 가지고 있다. 우리는 인제나 "안녕하세요?(안녕하십니까?)" 혹은 "진지 잡수셨습니까?"라고 인사한

영어와 우리말 인사 형식과 표현 정리

영역	영어 표현 형식	한국 표현 형식	비고
일상 인사	Hello. Hi. How are you? Fine, thank you.	안녕! 안녕하십니까?	진지 잡수셨어요? (한국) 잘 지내시지요? (한국) 한국에서는 어른에게 절을 한다. 영미 문화에서는 고개나 손만 흔들어 준다.
아침 인사	Good morning.	안녕! 안녕하십니까?	안녕하세요.
오후 인사	Good afternoon.	안녕! 안녕하십니까?	안녕하세요.
저녁 인사	Good evening.	안녕! 안녕하십니까?	안녕하세요.
헤어질 때	Good bye. Bye-bye.	안녕! 잘 가세요.	또, 만나요. (한국)
잠잘 때	Good night.	잘 자요.	좋은 꿈꿔요. (한국)

다. 요즘 젊은이들은 "좋은 아침"이라는 영어 번역식 인사를 주고받기도 하는데 이 표현은 왠지 어색하고 서툰 남의 나라 표현같이 들린다. 우리가 잘 아는 사람들과 나누는 인사를 모르는 사람들과도 개방적으로 나눌 수 있도록 노력해야 한다. 결론적으로 우리 나라는 인사성이 부족하고 그 표현법도 다양하지 못하다. 따라서 우리가 세계화 시대로 가는 길목에서 변화해야 할 첫 번째 과제는 개방적인 인사성과 다양한 표현력을 갖는 것이다.

❖ 상호 소개는 대화 문화의 시발점이다

개방된 사회에서 혹은 일터에서 자연스럽게 서로 소개하고 대화를 나누는 문화는 세계화의 시발점이다. 이런 사회적인 분위기를 지탱하는 규칙이 영미 문화에서는 존재한다. 누군가를 소개할 때 그리고 내가 소개를 받을 때, 일정한 예의와 격식을 따르는 것이 서양 문화이다. 예를 들면, 첫째, 동성 간에 소개하는 경우에는 아래 사람을 윗사람에게 먼저 소개하고, 둘째, 이성일 경우에는 나이에 관계없이 먼저 남성을 여성에게 소개하고 그 다음에 여성을 남성에게 소개하는 여성 우선 사상이 있고, 셋째, 남성이 지위가 높으면 여성을 높은 지위에 있는 분에게 소개하고, 넷째, 친지의 방문 시에는 성별에 관계없이 방문객을 먼저 주인에게 소개하며, 다섯째, 여러 사람 앞에서 한 사람을 소개할 때는 한 사람을 전원에게 소개하고 집단의 한 사람을 차례로 소개한다.

　보통 사람들의 소개에서는 "Hi, my name is Chul-soo Lee"라고 하지만 격식 있는 자리에서는 "How do you do? Nice to meet you."라고 말하고 자신의 이름과 직업을 소개하는 것이 예의이다. 정중한 사람에게는 호칭을 꼭 붙여서 불러주는 것이 예의이다. 즉, Doctor, Professor, Mr., Mrs., Lawyer, Reverend, General, Governor, President, Senator 등의 직

영어와 한국어의 처음 대화와 작별 대화 양식 비교

구분	영어 표현	한국어 표현	비고
처음 만날 때 대화	How do you do? How do you do?	처음 뵙겠습니다.	Nice to meet you. (영어) 만나서 반가워요. (한국)
만난 후 작별대화	Nice talking to you. Good seeing you.	만나서 즐거웠어요.	So long! (영어) 또 만나요. (한국)
이름 부르기	Johnny (이름), Fred (세례명), Clintion (성)	홍 (성) 길동 (이름)	이름의 순서가 다름

* 영어의 대화에서는 상대방의 이름을 불러주는 것이 친절한 대화 방법임.
* 우리 나라 대화에서는 존칭(선생님, 박사님, 회장님…)을 불러주는 것이 더 호감이 가는 대화 방법임.

함이나 존경의 뜻을 붙여주는 것이 상식이다. 상대방의 성을 모를 때는 Sir 혹은 Ma'am 등으로 호칭해주는 것이 좋다.

미국식 성명은 이름(first name)을 먼저 쓰고, 그 다음에 중간 이름(middle name)은 천주교나 개신교의 세례명으로 Christian name이라 하기도 한다. 그러나 간혹 일부 미국인들에게 이 중간 이름은 집안이나 직업을 나타내기 위하여, 모계(母系)의 성을 나타내기 위해서, 영지 표시, 또는 같은 이름의 사람과 구별하기 위해서 사용하는 데 그 목적이 있다고 한다. 예를 들어 미국 전 대통령 케네디의 풀 네임(full name)은 John Fitzgerald Kennedy인데 이는 자신이 Fitzgerald 가의 자손임을 암시적으로 나타내기 위해 중간 이름을 썼다고 한다. 마지막에 성(family name)을 쓴다. 미국 사람들은 성만 부르는 경우는 없고 이름을 부르는 것이 통례이다. 그러나 우리 나라 사람들은 성만 부르는 것이 통례이고, 윗사람이나 상사에 대한 예절이다.

사람과 사람이 만나 대화를 시작하고 끝을 맺는 것은 의사소통에 있어 중요한 만남을 연결하는 시발이자 매듭이다. 어떻게 미국 사람들은 대화의 시작과 끝을 마무리하는가? 영미 문화에서 대화의 시작은, 첫째, 주로 날씨 이야기를 주고받는 것이 제일 무난하고 적절하다. 둘째, 식사와 음식에 관한 화제를 주고받는 것이 공통적인 화술의 한 방법이다. 셋째, 직업과 같이 두 사람 모두에게 관계된 것을 이야기하는 것도 알맞은 대화의 시작이다. 그러나 대화를 나누는 상대방에게 보수는 얼마냐 직책이 뭐냐 혹은 결혼을 했느냐 왜 결혼을 하지 않았느냐 혹은 몇 살이냐 등 개인적인 질문에 대해서는 묻지 않는 것이 미국 사회의 기본 예절이다.

속담에도 있듯이 우리 나라는 유종의 미라는 것을 매우 중요하게 생각하고 있다. 영미 문화에서는 대화의 끝에 인사를 하거나 악수를 하고 헤어진다. 미국에서는 첫째, "OK, nice talking to you." "Good to see you"

등 상대방에 대한 칭찬을 잊지 말아야 한다. 그 다음에 "Goodbye!(Bye-bye!)" "See you later(So long)"식으로 환송한다면 예의있고 품위있는 의사소통 행위가 된다. 대화를 마치기 전에 무례하게 이석(French leave)한다든지, 인사없이 헤어지는 것은 만남을 악연으로 만드는 계기가 될 수도 있다.

❀ 축하와 칭찬 그리고 감사는 의사소통의 기본 예절이다

영미 문화에서는 축하와 칭찬과 감사를 빼면 할 말이 없을 정도로 항상 축하하는 마음을 갖고 칭찬하거나, 매사 감사하는 마음으로 살아간다. 이런 표현은 받는 사람보다 사용하는 사람에게 항상 축복이 가는 법이다. 예를 들어, 축하해야 할 일에 "Congratulations!" 생일을 맞이하는 사람에게 "Happy birthday to you!" 신년이 되면 "Happy New Year!" 성탄이 가까워지면 "Merry Christmas!"라고 축하하는 표현은 미국 생활에서 의사소통의 기본이 된다. 아울러 영미인들은 특히 칭찬을 생활화하여 표현을 한다. "You did a good job.(Good job!)" "You are one of my best friends.(My best friend!)" "You are a kind person." "You look lovely today." "It looks good(nice) on you." "I admire your haircut." "Excellent" "Super" "Very good" 등은 영미인들에게 상투적인 표현이지만 없어서도 안 될 귀중한 기본적인 생활 표현들이다.

더욱이 영미인들에게 감사 표현은 지나치게 많이 사용되고 있고 생활화되어 있다. "Thanks" "Thanks a lot" "Thank you very much" "I appreciate you" 등 감사를 표현하는 말은 언제나 익숙해 있다. 그에 대한 응답은 "You're welcome" "Not at all" 등으로 항상 상호작용을 해줘야 한다. 이는 영미 문화에서는 어렸을 때부터, 엄마들이 감사 표현을 생활 속

영어와 한국어의 축하와 칭찬 표현

영역	영어 표현	한국어 표현	비고
축하	Congratulations!	축하! 축하합니다!	Thank you.
생일	Happy birthday!	생일 축하해요!	Thank you.
신년	Happy New Year!	새해 복 많이 받으세요!	You, too.
성탄	Merry Christmas!	축 성탄!	Merry Christmas!
축하 응수	Thanks. Thank you! I appreciate you.	감사합니다.	You're welcome. (영어)
기타	Congratulations on _____ !	입학, 승진, 입주, 합격 등 축하합니다!	Good job! Excellent!

에서 주지시켜 교육한 결과이다. 예를 들어, 아이가 "Mom, please, milk." 라고 요청하였을 때, 엄마가 아이에게 우유를 주면, 아이는 "Thank you (Thanks), Mom."이라고 응답해야 한다. 만약 아이가 그런 응답을 하지

감사 표현의 다양성

영역	영어 감사 표현	감사 응수
기본적인 감사표현	Thank you. Thanks. Thanks a lot. Many thanks. A thousand thanks. Thanks ever so much. I'm grateful to you. I appreciate you. I'm much obliged to you.	You're welcome. Not at all. My pleasure. Don't mention it.
감사에 덧붙이는 표현	You are always so kind. How can I thank you? Please give my best regards to her.	Thank you.

않으면, 우유를 빼앗았다가, 다시 주면서, 감사의 표현을 하도록 교육한다. 그러면, 엄마는 "You're welcome!"이라고 응수해준다.

우리 나라 사람들은 대부분 남에게 감정을 쉽게 드러내지 않는다. 꼭 감사해야 할 때도, 사과해야 할 때도, 실례합니다 라고 말할 필요가 있을 때도, 혹은 사랑합니다 라는 표현을 하고 싶을 때도 어색해하고 인색하다 여겨질 정도로 말을 못한다. 이런 모습이 영미인은 이해 못하는 우리 나라 의사소통 문화이다.

❁ 정보화 시대에 바른 전화 예절은 의사소통의 기본 예절이다

최근 선진국에 대한 여론 조사에 의하면, 정보화 시대에 전화 통화 시간이 짧으면 짧을수록 그 나라의 문화 수준이 높은 것으로 판단한다고 한다. 특히 공중전화를 들고 3분을 초과한다는 것은 서양에서는 있을 수 없는 무례한 행동으로 받아들여진다. 휴대전화가 국민 일인당 보급된 지

금, 휴대전화 이용에 대한 예절과 범위를 생각해야 할 시점에 와 있다. 또한 우리 나라 사람들의 전화를 받는 태도는 어떠한가? 과연 우리 나라 사람들은 친절히 전화를 받고 있는 것일까? 아주 일부 우리 나라 가정에서는 아직도 불친절하고 무례한 것으로 조사되고 있다. 그런 불친절은 서양 문화에서는 받아들여지지 않는다. 잘못 걸려온 전화라도 "You've a wrong number(잘못 전화하셨어요)"라고 말하면서 친절히 안내한다. 다른 사람 전화라면 "One moment, please(잠시만요)"라고 말하고 친절히 안내하거나 "Can I have (take) a message?(전갈을 제가 받을까요?)"라고 말하여 상대방에게 전할 말을 메모해 둔다. 전화를 끝맺을 때에 꼭 "Thank you for calling. Bye-bye!"라고 말을 한다.

일반적으로 전화를 거는 방법으로 첫째, Station Call이라는 것이 있는데, 그것은 교환을 통해서 전화를 걸 때 누가 전화를 받아도 좋을 경우에 사용한다. 둘째, Personal Call이 있는데 교환에게 통화하고자하는 특정인을 가리킬 경우를 퍼스널 콜이라고 한다. 셋째, Collect Call이 있는데 교환에게 상대방에게 요금을 부담시키고 전화를 걸고 싶을 경우 전화하는 방법이다. 이렇게 다양한 전화를 통한 의사소통 방안이 존재하고 이런 편의성이 우리 나라에도 보급되어 운영되고 있다.

영미인들은 초대하는 사람과 초대 받은 사람 사이에 초대 목적과 장

전화 거는 종류와 방법

영역	전화 방법	전화 대화의 공통적인 활용 표현	
Station Call	교환 연결시 아무나 받아도 좋음	Can I talk to Johnny?	One moment!
Person Call	교환 연결시 특정인만 연결해야 함	Can I take a message?	Go ahead.
Collect Call	교환 연결시 수신자 부담 전화 걸기	Thank you for calling.	Bye-bye!
Direct Call	직접 전화 걸기	You've a wrong number!	

소와 일시를 확실히 하는 것이 특징이다. 특히 미국 사람들은 추수감사절, 크리스마스, 생일날, 미국 독립기념일(7월 4일) 등과 같은 특별한 날에는 꼭 가족이나 친지를 초대하는 것이 관습이고 생활이다. 초대를 할 때는 초대장이나 전화로 하는데, 초대를 받으면 참석 여부를 확실히 밝혀주고, 초대에 응할 때는 초대된 사람만이 참석해야 한다. 초대된 사람의 친구나 아이들을 동반하는 일을 해서는 안 된다. 그리고 영미 문화에서는 사전에 예고없이 불쑥 방문하는 것도 무례한 행동이다. 우리 나라 사람들은 평소에 많은 약속을 한다. 우리는 그냥 지나가는 인사말로 "한번 들러" "이따 보자" "다음에 전화할게"식의 너무 막연하고 약속을 전혀 지킬 마음이 없는 공약만 남발하면서 살아간다. 영미인들은 약속을 하면 언제 어디서 어떻게 무슨 용건인지를 명확하게 밝히고 확약을 받는다.

❋ **부탁과 사과는 생활에서 남용하지 말고 적절히 활용해야 하는 표현이다**

영미인들은 부탁을 할 때 항상 "Please"라는 말을 사용한다. 진심을 담아서 please라는 말을 사용하면 대개 원하는 사항이 이루어진다. 그에 대한 대답은 "OK(Okay)!" 혹은 "All right" 등이 있다. 순간적으로 무엇을 부탁하고 싶거나 묻고 싶으면, "Excuse me"라고 운을 띄운 다음 무엇인가 부탁할 수 있다. 영미인들의 경우에는 무례한 부탁을 삼가하는 것이 그들 생활 습관의 특징이다. 반면에 우리 나라 문화는 학연, 지연, 혈연, 또래끼리면 무슨 부탁도 거리낌없이 하는 특징이 있다.

영미인들은 일반적으로 "Sorry"라는 말을 엄격히 구분하여 사용한다. 가벼운 의미로 상대방에게 사과를 할 때에 사용하는 표현이지만, 공적인 책임을 져야 할 경우에 함부로 "Sorry"라는 말을 하지 않는다. 예를 들어, 열차나 비행기가 늦어지면 미국에서는 "연착입니다" "The train was

영미 문화의 사과 표현

영역	영어 표현		비고
사과의 말	Excuse me. Pardon me. Forget my Please give me.	I'm sorry. carelessness! Accept my apology.	불가항력으로 실수를 할 경우 활용
사과의 응답	That's all right. No problem. Don't mention it.	That's OK. It doesn't matter. It was my fault.	상대방 배려 응수함

delayed by heavy snow.(기차가 대설로 연착되었습니다.)"라고만 말하지 "Sorry"라는 말은 하지 않는다. 만약에 "Sorry"라고 말하면, 꼭 손님에게 손해 배상을 해야 하기 때문이다. 미국에서 교통사고가 발생하면, "Sorry"라고 말한 측에서 배상을 해야 하기 때문에 함부로 "Sorry"라는 말을 하지 않는다.

　영미 문화에서는 길을 가다가 옷깃을 스치거나 화장실에서 옆을 지나거나 남의 앞을 횡단할 때는 꼭 "Excuse me"라고 사과 겸 예의를 지킨다. 우리 나라 사람들은 다른 사람을 배려하거나 겸손해하는 표현에 비교적 인색하다. 우리 나라에서는 아주 극소수 사람들이 남에게 피해를 주고도 사과 한마디 없이 지나치거나 물끄러미 응시하거나 빤히 쳐다보는 등의 행위를 하기도 한다. 극소수 사람들의 이런 행동이 세계화 시대에 걸림돌이 될 것이다.

　우리 나라에서 살고 있는 외국인들이 한결같이 비판하는 것 중 하나가 우리 나라에서는 서로 부딪쳐도 "실례했어요" 혹은 "실례합니다"라는 사과를 하는 데 무척 인색하다는 것이다. 서울을 비롯해 대도시에서 서로 어깨를 부딪치면 "미안합니다"라고 사과하는 사람들이 많이 있어야 세계화가 쉽게 될 수 있을 것이다.

　우리 나라 사람들은 출입문을 들어오거나 나갈 때 뒤에 오는 사람에게 문을 잡아주는 친절한 태도가 부족하다. 우리 나라 사람들은 동반한 부인한테 가부장적인 모습을 보이기도 한다. 세계화 시대에 걸맞게 우리 나라 사람들은 습관적으로 남을 돌보는 일에 더 많은 개선과 마음의 문을 열어야 할 것이다.

　우리 나라 사람들은 주의를 끌기 위해 말로써 "실례합니다"라는 말을 하는 대신에 전통적으로 상대방의 옷자락을 잡아끄는 습관이 있는데 이런 행위도 개선되어야 한다. 영미인들에게는 자신만의 영역을 침해하는 행위는 금물이며 그런 행동은 무례하다. 우리 나라 사람들은 대화 도중이나 재미있는 이야기를 할 때 어깨나 팔로 상대방을 가볍게 치는 일을 예사로 생각하는데 이런 부분도 개선해야 할 행위이다.

❁ 영미 문화의 감탄 표현은 다양하다

　영미 문화에서 감탄, 탄식, 놀램, 슬픔 등을 나타내는 표현은 다양하다. 그런 감정을 나타내는 표현은 무의식적으로 일어나거나, 감탄 감정을 의도적으로 나타내는 경우, what, how를 활용하여 감정의 표현을 나타내는 경우 등 다양하다. 이런 감탄의 표현들을 살펴보도록 하자.

　영어의 무의식적인 감탄은 Ah! Hurrah! Dear(me)! Wow! Gee! Bravo! 등이 있고, 감탄 감정 표현으로 Terrific! Magnificent! Beautiful! Good! Well done! That's neat! 등이 있다. 그리고 영미인들은 what/how를 활용하여 감탄을 잘 나타내는데, 그 예는 What a cute kitty! How cute! What a funny cat! How funny! What a boy! 등이 있다. 또한 영미인의 대

영어 감탄과 맞장구치는 표현

영역	영어 표현	비고
무의식적 감탄	Ah! Hurrah! Dear(me)! Wow! Gee! Bravo! Oh!	Oh oh! 어린이의 감탄 표현
감탄 감정	Terrific! Magnificent! Beautiful! Good! Well done! That's neat!	Fantastic! 여성의 감탄 표현
What / How 감정	What a cute kitty! How cute! What a funny cat! How funny! What a boy!	Wow!
맞장 표현	Yes! Uh-huh! Sure! Surely! Certainly! Right! Exactly! Why not! I see! I agree! Good! Great! Fine! With my pleasure! That's true!	상호 응대 표현

화 중에 맞장구치는 표현도 다양하게 사용되고 있다. 예를 들어, Yes! Uh-huh! Sure! Surely! Certainly! Right! Exactly! Why not! I see! I agree! Good! Great! Fine! With my pleasure! That's true! 등이 있다.

❀ 거절과 주의 경고판은 생활 영어의 일부이다

영미 문화권의 사람들이 분명하게 하는 것은 "Yes"와 "No"의 표현이다. 즉, 영미 문화에서는 끊고 맺는 것을 분명히 하고 철저히 한다. 우리나라 사람들은 "No"를 분명히 하지 못하는 습성이 있다. 동양의 중용사상 때문이라면 지나친 과장일런지 모르겠다. 영미 문화권의 사람들은 대화 도중 자신이 상대방의 이야기를 알아듣지 못하면, "Pardon" "Beg your pardon" "I beg your pardon"이라고 꼭 되묻고 확인한다. 그러나 우리 나라 사람들은 영어로 대화 중이거나 영어 강의 시간 중에는 우물우물 넘어

간다. 모르면 그냥 씩 웃어 버린다.

영미 문화에서는 경고 표시가 분명하다. "No Parking" "Don't park" 등 경고 지역들을 확실하게 구분하여 해야 할 일과 하지 말아야 할 일을 분명히 구분하고 있다. 영미 문화권의 사람들은 경고 의식이 강하다. 학교에서도 어린이들이 궁둥이를 흔들면 Yellow Card를 받는다. 운동 경기에서도 난폭한 경기를 실행하면 Yellow Card를 받는다. 그러나 우리 나라의 학교에서는 Yellow Card에 대하여 무척 부정적이고 자제하는 편이다. 우리 나라는 정적인 문화이기 때문에 작은 견책이나 말에도 어린이들이 심한 충격을 받는다고 생각을 하고 있다. 사실 이런 정적인 감정의 문화는 세계화 시대의 걸림돌이 될 수도 있다.

❋ 영어 속의 외래어에는 특권적이고 경멸적인 표현이 함께 생활화 되어 있다

영국인들은 역사적으로 프랑스가 1066년부터 오랫동안 영국을 지배했다는 사실을 몹시 치욕적인 것으로 받아들이고 있다. 그러면서도 그 당시 영국인들은 프랑스 인들을 지배 계급으로 인정하며 선망의 대상으로 간주해 왔다. 그래서 영국인들의 특권적인 표현에 프랑스어식 표현이 잔재되어 있다. 예를 들어, "mansion" 하면 잘 사는 고급 주택 같은 뜻으로 사용되고, "house" 하면 서민들이 사는 집 같은 느낌을 준다. "mansion"은 프랑스어에서 유래된 단어이기 때문에 특권적인 표현으로 잠재되어 왔고, "house"는 원래 영어이기 때문에 서민적인 주택 같은 느낌을 무의식적으로 인식해 왔다.

다른 한편, 영국인들은 경멸적인 표현도 프랑스어를 이용하여 나타내기도 한다. 예를 들어, "French leave" 하면 무단이석이라는 버릇없는

영어 단어에 차용된 외래어들

외국어	영어 단어화된 차용어의 예	시기
프랑스어	mansion, French leave, French walk, French boot, cafe, ticket, restaurant, 등 1000여개 단어	중세 영어
이탈리아어	pizza, studio, opera, concert, spaghetti, balcony, mafia, espresso	고대 영어
그리스어	bible, television, alphabet, church, photograph	현대 영어
중동어	magazine, yoghurt, lemon, alcohol	현대 영어
인도어	pepper, ginger, shampoo, jungle, khaki	현대 영어
태국어	bamboo	현대 영어
일본어	judo, pajama	현대 영어
한국어	kimchi, taekwondo, Korea	현대 영어
독일어	house, cookbook, dumb, kindergarten, sauerkraut 등 500여 단어	고대 영어
라틴어	cap, silk, sack, sock, chest, mat, beet, pear, radish, oyster, box, lobster, mussel, cook, lily, plant 등 영어 단어 20% 정도가 라틴어원임	고대 영어
스페인어	bonanza, cafeteria, canyon, loco	현대 영어
네델란드어	boss, caboose, cookie	현대 영어
인디언어	chipmunk, moose, moccasin, hickory	현대 영어

행동을 나타내고, "French walk"는 남을 완력으로 내쫓는 행동을 나타내며, "French boot" 하면 주차 위반 차량에 족쇄를 채우는 것을 나타낸다.

　　중세 영어 시기에 영어는 여러 외국어로부터 외래어를 대량 차용하였다. 지금도 영어가 다양한 외국어를 빌려 사용하고 있다는 것도 사실이다. 영어는 이탈리아어에서 pizza, studio, opera, concert, spaghetti, balcony 같은 단어를, 그리스어에서 bible, television, alphabet, church,

photograph 같은 단어를, 중동 지방의 언어에서 magazine, yoghurt, lemon, alcohol 같은 단어를, 인도어에서 pepper, ginger, shampoo, jungle, khaki 같은 단어를, 태국어에서 bamboo 같은 단어를, 스페인어에서 cigarette, mosquito, patio 같은 단어를, 일본어에서 judo, pajamas 같은 단어를, 한국어에서 kimchi, taekwondo 같은 단어를, 프랑스어에서 cafe, ticket, restaurant 등 1000여 개의 단어를 차용하여 영어 단어로 활용하고 있다.

    영미인들이 우리 나라에서 제일 고통받는 것은 한 지명을 여러 영어 문자로 표현하고 있는 경우이다. 실제 "중구"라는 표기는 "Chung-Ku" "Jung-Ku" "Choong-Ku" "Joon-Ku," "Choong-Gu" "Joong-Gu" "Jung-Gu" 등 7개의 표기로 통용되고 있다. 지금은 영문 표기 통일안으로 많이 시정되어 그런 공식적인 명칭에는 혼돈이 없다.

❀ 영국 영어와 미국 영어는 차이가 있다

오랜 전통을 자랑하는 영국 영어는 런던 지방을 중심으로 한 영어를 표준 영어(소위 남부의 품위 있는 BBC Pronunciation을 강조하는 영어)로 설정하여 사용하고 있지만, 미국은 영국으로부터 독립하여 끊임없이 혁신을 강조하며 새로운 영어를 구사하는 노력을 보여 왔고, 중부 지방의 영어를 미국의 표준 영어로 설정하여 사용하고 있다. 이런 영국과 미국 영어는 발음, 철자, 문장, 단어 등에서 차이를 보이고 있다.

영국과 미국의 발음 차이

발음	영국	미국	비고
what	wat	hwat	when, where, why, who
ask	ask	æsk	bass, class, glass, grass, mass, lass
bird	b˜d	b˜rd	skirt, circle
vase	vA˘z	veis	tomato
on	çn	ʌn	an-air

영어 단어 what을 발음할 때, 영국식은 [wat]으로 미국식은 [hwat]으로 발음한다. 그리고 ask단어도 영국에서는 [ask]로 미국에서는 [æsk]로 발음한다. 기타 bird, vase, on 같은 단어도 발음의 차이를 보이고 있다.

영어 철자에서도 많은 차이를 보이고 있는데, 영국에서는 behaviour로 미국에서는 behavior로 사용하고 있다. 그밖에도 영국에서는 centre, defence, mould, civilise 등을 사용하나, 미국에서는 center, defense, mold, civilize로 사용한다.

영국과 미국의 철자 차이

철자	영국	미국	비고
-our / -or	behaviour	behavior	colour / color, favour / favor
-re / er	centre	center	metre / meter, theatre / theater
-ce / se	defence	defense	licence / license, offence / offense
-ou- / -o-, -u-	mould	mold	moustache / mustache
-s- / -ze	civilise	civilize	organise / organize, recognise / recognize

영국과 미국의 문장 어법의 차이

영역	영국	미국
소유	Have you have any pencil? Yes, I have	Do you have any pencil? Yes, I do.
shall / will	I shall be 20 years old tomorrow.	I will be 20 years old tomorrow.
in / on	I live in Cheongdam Street.	I live on Cheongdam Street.
at / from	I graduated at Oxford in 2007.	I graduated from Harvard in 2007.
half	half a dozen	a half dozen

영국 영어에서는 *Have* you have any pencil? –Yes, I *have*.라고 사용하는데, 미국 영어에서는 *Do* you have any pencil? –Yes, I *do*.라고 사용하여 큰 차이를 보이고 있다. 물론, *shall*과 *will*의 사용에도 차이를 보이고, *in / on / from*에서도 두 나라 영어는 차이를 보이고 있다.

같은 영어 단어 avenue라도 영국에서는 가로수 길을 나디내고, 미국에서는 대로를 나타낸다. 그 밖에도 bill, billion, bug, faculty 등도 서로 다른 의미로 사용하고 있다.

영미 철자는 같지만 뜻이 다른 단어

단어	영국 단어의 의미	미국 단어의 의미	비고
avenue	가로수 길	대로, 가로	일반적으로 도로
bill	환어음	지폐	계산서
billion	1조	10억	billions 무수 (많음)
bug	빈대	곤충	오류 (컴퓨터 작동)
faculty	학부	교수	a faculty member 교수

같은 사물의 표현을 나타낼 때, 영국은 숙박 시설을 lodging, hotel 이라고 사용하고, 미국은 accommodation이라고 사용한다. 그 밖에 비행기, 아파트, 계산서, 우체통 등 많은 사물을 나타낼 때도 다르게 사용하고 있다.

같은 사물에 대한 다른 단어 표현

의미	영국	미국	비고
숙박시설	lodging, hotel	accommodation	inn, motel
비행기	aeroplane, airbus	airplane	airline
아파트	flat	apartment	apartment, house
계산서	account	bill	estimate
우체통	pillar box	mail box	postbox

❀ 영미 문화에서 꽃말은 다양한 의미를 담고 있다

영미 문화에서 꽃말이 주는 의미는 무엇일까? 꽃말은 생활의 일부이다. 그 생활의 일부를 잘 이해하여 실제 생활에 활용하는 것도 바람직할 것이다. 꽃말은 영미 문화의 일상생활의 일이나 사건을 나타내는 도구이기도 하다. 일상생활에서 기쁨, 슬픔, 감사, 찬사, 승진, 축하 등의 감정을 나타내는 매체이기도 하다.

꽃말이 갖는 의미는 다양하다. 특히 영미 문화에서 사랑을 의미하는 것이 제일 많은데, 빨간 국화, 장미, 라일락, 목련, 물망초, 배꽃, 철쭉, 튤립, 카네이션 등이 사랑을 의미하는 꽃들이다. 이런 사랑을 나타내는 꽃에다가 쟈스민처럼 애교를 부리는 의미의 꽃도 있고, 사랑하지만 절제된 마음을 보내는 진달래, 정조를 나타내는 오렌지꽃 등도 있다. 다른 한편으로는, 평화를 나타내는 올리브나 영광을 나타내는 월계수도 있고, 슬픔을 나타내는 흰색 국화나 아네모네처럼 사라지는 사랑과 병을 나타내는 꽃도 있다.

이런 꽃말의 의미에 추가하여, 영미 문화에서는 색채가 뜻하는 고유의 의미도 다양하게 가지고 있다. 따라서 우리는 이런 색채의 의미도 이해할 필요가 있다. 예를 들면, 금색은 영광이나 힘을 나타내고, 검정색은 슬픔이나 권위를 나타내며, 보라색은 참회, 빨강색은 열정과 순교, 연보라는 신앙 고백, 연분홍은 순교, 은색은 정절, 흰색은 고난과 순결, 자주색은 왕권, 파란 색은 경건, 회색은 고난을 상징하고 있다.

영미 문화에서 꽃말의 의미

우리말 이름	영어 이름	꽃말의 의미	비고
국화	chrysanthemums	노랑(슬픔, 무시), 빨강(사랑)	장미(rose) - 사랑 : 영국 국화
금잔화	broom	겸손 (humility)	
나팔꽃	morning-glory	연분 (bonds)	어린이의 희망
난초	orchid	미인, 여왕 (belle)	한국인의 축하 화분
달리아	dahlia	호화 (pomp)	
딸기꽃	strawberry	선견 (foresight)	
라일락	lilac	첫사랑 (first love)	쟈스민(jasmine) - 애교(amiability)
백합	lily	순결 (purity)	수련(water-lily) - 순결 : 프랑스 국화
목련	magnolia	자연 사랑 (natural love)	철쭉(arbutus) - 당신만 사랑
물망초	forget-me-not	진실한 사랑 (true love)	튤립(tulip)-사랑 : 네델란드 국화
배꽃	pear	애정 (affection)	카네이션(carnation) - 애절한 사랑
벚꽃	cherry blossom	영혼의 아름다움 (beauty)	벚꽃 : 일본 국화
수선화	narcissus	자기 중심 (egotism)	
아네모네	anemone	병 (sickness)	히스(heath) - 고독(solitude)
아카시아	acacia	우정 (friendship)	
오렌지꽃	orange	정조 (chastity)	진달래(azalea) - 절제(temperance)
올리브	olive	평화 (peace)	올리브 : 그리스 국화
월계수	bay tree	영광 (glory)	올림픽 마라톤 화환
접시꽃	hollyhock	야망 (ambition)	
팬지	pansy	생각 (thought)	초롱꽃(bellflower) - 감사(gratitude)
해바라기	sunflower	동경 (adoration)	해바라기 : 러시아 국화
무궁화	sharon rose	영원 (forever)	무궁화 : 한국 국화

❖ 영미 문화에서 동물 소리와 새 소리는 우리 나라와 다르게 표현된다

같은 동물의 울음 소리인데 문화에 따라 다르게 듣거나 이해하는 경향이 있다. 영미 문화에서 청각 청취되어 활용되는 것들을 알아보고자 한다.

영미 문화와 우리 나라의 짐승과 새의 울음소리 표현

종류	영미 문화의 울음소리 표현	우리 나라의 울음소리 표현
개 (dog)	bow-wow, woof-woof	멍멍, 캥캥
고양이 (cat)	meow	야옹
돼지 (pig)	grunt	꿀꿀
말 (horse)	neigh, whinny	히히히
사자 (lion)	roar	어움-어엉
소 (bull)	moo-low	움매
양 (sheep)	baa, bleat	배헤이
새 (bird)	clicking, chirping, jingling, whistling	찍찍, 짹짹, 지지배배
거위 (goose)	quack	꽥꽥
기러기 (goose)	honk	기억 기억
까마귀 (crow)	caw	까욱까욱
비둘기 (pigeon)	coo-coo	국국
닭 (chicken)	coo-cook	꼭기오

짐승과 새들에 대한 울음소리는 영미 문화와 우리 나라에서 각각 다르게 듣고 표현하고 있다는 것을 위의 표를 보면 알 수 있다. 예를 들어,

영미 문화에서는 개가 짖는 소리를 "바우 와우"라고 표현하지만, 우리 나라에서는 "멍멍"이라고 표현한다. 돼지가 우는 소리도 영미 문화에서는 "구런트"라고 하지만, 우리 나라에서는 "꿀꿀"이라고 듣고 표현한다. 영미 문화에서는 소가 우는 소리를 "무——"라고 하지만, 우리 나라에서는 "음매"라고 듣고 표현한다. 영미 문화에서는 양이 우는 소리는 "바브리트(baa, bleat)"라고 하지만 우리 나라에서는 "배레이"라고 듣고 표현한다. 영미 문화에서는 거위 울음 소리는 "꿱(quack)"이라고 하지만, 우리 나라에서는 "꽥꽥"이라고 듣고 표현한다.

2

영미인의 집단 형성

❁ 집단 형성 배경―미국의 집단 문화는 우리와 다르다

각 나라의 문화에 따라 집단을 형성하는 방법이 다르다는 것은 자명한 이야기이다. 영어권의 미국 사회에서의 집단 형성은 어떻게 이루어지고 있을까? 미국은 자본주의 사회이다. 따라서 자본주의 기준은 돈이다. 돈에 따라서 모든 인간의 행동이 형성되고 관습화된다. 예를 들어, 미국 사람들은 달러 숍(dollar shop)이나 케이 마트(K. Mart) 같은 할인점에서 쇼핑을 하는 저소득층과 제이시 페니(JC Penny)나 시어즈(Sears) 같은 곳에서 쇼핑하는 중산층 그리고 고급 백화점을 이용하는 상류층 고객을 다양하게 포용하는 자본주의적 집단 형성 문화를 가지고 있다. 미국에서는 고급 백화점은 회원권을 가진 자만이 입장할 수 있기 때문에 누구나 들어갈 수 없다. 식당도 골프장도 스포츠 센터도 고급점은 회원제로 운영을 한다. 따라서 신분과 경제적인 능력에 따라서 집단 형성이 된다. 이런 회원제적 집단 형성은 잘못하면 저소득층이나 중산층에게 위화감을 불러일으킬 수 있는 것도 사실이나, 경제 정의가 실현된 미국 사회에서는 잘 통용되고 있는 제도이다. 반면에, 우리 나라처럼 경제 정의 실현이 잘못되었다

집단 형성의 문화 분류

영역	상류층	중산층	하류층
백화점	고급 회원제 클럽 통신 및 직접 배달	Mall, Sears, JC Penny, Macy	K. Mart, Market, Dollar Shop
음식점	고급 회원제 클럽 정식 요리-종업원	MacDonlad, Burger, Pizza… Self-service	Market-Self cooking
교 육	Ivy league, 사립대학 2~3만 불 수준	주립대학교 1~5천 불 수준	Community Job Center 주정부 지원 무료 직업 훈련
주 택	백인 고급 주택가 100만 불 이상 (LA 베버리힐스, N.Y. 고급 아파트)	중산층 일반 주택 50만~100만 불 전후	Black Ghetto, Trailer, 조립주택
결 혼	노블리제(noblesse)의 결합을 원함	같은 민족을 선호하나 다민족에도 개방적임	다민족에 개방적임

고 대중들이 생각한다면 그런 회원제의 운영은 조롱과 빈축의 장이 될 수도 있다. 돈 많은 집단의 사람들을 졸부나 부정 축적자나 탈세자로 생각하는 사회라면, 그것은 문제가 될 수 있다. 즉, 이런 사회적 분위기에서 회원제에 의해서 상류층을 분류해 낸다면 분명히 위화감을 조성하게 될 것이다. 국민들이 종합소득신고된 세금 납세 자료를 믿는 사회는 경제 정의가 실현된 사회이다. 미국 사회에서 이런 소득 신고 체계는 일반 대중들에게 정직하게 받아들여지고 있다. 그래서 저소득층 자녀가 만약 미국 아이비 리그(Ivy league)의 MIT, 코넬(Cornell), 조지타운(Georgetown) 펜실베니아(Pennsylvania), 프린스턴(Princeton), 하바드(Harvard)나 예일(Yale) 같은 사립 명문 대학에 지원하여 입학 허가를 받았다면, 비록 한 학

기 등록금이 2만 불일지라도 부모의 종합소득신고 자료를 제출하여 저소득층임을 증명해 보이면, 장학금을 받을 수 있는 제도적 장치를 가지고 있다. 물론 각 주립대학의 등록금은 5백 불 정도이기 때문에 누구나 대학 교육을 받을 수 있다. 우리 나라의 사립, 국립, 도립, 그리고 시립 대학들이 똑같은 등록금을 책정하여 학교를 운영한다는 그 자체는 세계화의 걸림돌이 될 것이다. 사립 대학은 사립 대학 특성에 알맞게, 국공립 대학은 국가의 공교육 수준에 알맞게 등록금과 학사 운영이 이루어져야 한다.

    미국 사회를 어둡게 하는 한 요소는 다민족이 함께 살고 있기 때문에 민족 간의 집단 형성이 민족과 민족의 갈등으로 나타나고 있는 점이다. 80년대 미국 LA 도시의 흑인 폭동이 대표적인 예이고, 그 당시 인종간의 문화적 갈등 때문에 코리아 타운이 큰 피해를 보았다. 흑인만이 모여 사는 흑인 게토(Ghetto)는 빈민가의 대명사가 되고 있다. 중국인이 사는 차이나 타운(China Town), 한국인이 사는 코리아 타운(Korea Town), 일본인이 사는 재팬 타운(Japan Town), 유대인이 사는 쥬이쉬 타운(Jewish Town) 등 그들만의 소규모 혹은 대규모 지역 사회가 형성되고 있다. 우리 나라는 단일 민족이 살고 있기 때문에 언어와 사고와 집단 형성이 미국 사회보다 덜 복잡한 장점을 가지고 있다. 그러나 최근 동남아, 중국, 러시아 등에서 온 다민족의 신부들이 있고 이들이 4만 정도의 다민족 가정을 형성하고 있는 것으로 알려졌다. 그래서 이런 다민족 가정의 문제가 우리 나라 사회에도 전반적으로 나타나고 있기에 영미 문화에서 나타난 그런 집단 형성 갈등을 해소하기 위한 교육적인 프로그램을 준비해야 할 시점에 와 있다고 본다.

✿ 한국은 끼리끼리 문화라고 한다

우리 사회에서 형성되는 집단 문화의 특성은 무엇일까? 우리 나라에서는 학연, 혈연, 지연, 같은 또래의 나이끼리 집단을 형성하는 특성을 보이고 있다. 우리 나라에서는 같은 학교 동창이면 더 없이 가깝게 한 가족처럼 동문으로서 우월적 대우와 편의를 제공해 준다. 같은 성을 갖고 있는 문중이면 한 가족이라고 생각하고, 같은 지역 출신이면 무조건 동질감을 갖고 동향이라고 좋아한다. 또한 같은 나이 또래끼리는 절친한 친구 관계를 유지하지만, 한 살이라도 많으면 선배나 형으로 대접해야 한다. 그렇게 하지 않으면 윗사람이 눈총을 주는 습성을 가지고 있다. 우리 나라에서의 이런 집단 형성의 특성이 서로 공동체 의식을 갖고 생활하는 원동력이 되기도 하고, 사회적 집단 형성의 초석이 되기도 한다. 그러나 그런 집단 형성이 우리 사회를 편파적으로 이끄는 악습으로 작용하기도 한다.

미국 사회에서는 나이가 많은 것이 직장에서 대접을 받아야 할 조건이 되는 것은 아니다. 대신 능력과 성과가 그 사람의 보수와 대접을 받는

귀중한 척도가 된다. 미국에서처럼 꼬마가 어른의 이름을 부른다면 우리 나라 사람들은 가정 교육을 받지 못한 아이라고 생각을 할 것이다. 아울러 미국에서는 나이가 친구를 형성하는 주요한 요인이 되지 않는다.

영미인들 뿐만 아니라 우리 나라에 거주하는 외국인들은 "한국은 한

영미와 한국의 집단 형성 특성

영역	영미 문화의 집단 형성	한국의 집단 형성	비고
혈연	가족의 내력만 중요시함	같은 성의 씨족 (이, 김, 박씨 등), 가족, 집안	종친회와 족보 형성
학연	동문과 졸업생 유대	초등, 중등, 고등, 대학의 동문 강조함	동창회, 동문회
지연	지역성 결합 희박	지역적 응집력 강화	향우회
나이	나이 차이에 관계없이 친교	같은 나이끼리 집단 형성 강함	선배, 순서, 형, 아우
경제력	자본주의적 회원제 형성	서구화하는 경향 강함	빈부 갈등
직업	동업자의 회원제 강화	동업자의 집단형성 강함 (사자 직업)	판사, 검사, 박사

국인만을 위한 나라(Still Korea for the Koreans)"라고 생각한다. 우리 나라 사람들의 모임에 참석한 미국인들은 우리 나라 사람들이 친밀한 집단 형성의 기회를 주지 않는 분위기를 조성해 이질감을 느끼고 당황한 적이 한두 번이 아니라고 증언하고 있다. 그래서 우리 나라 문화는 끼리끼리 집단을 형성하는 생활 태도를 가지고 있다고 외국인들은 평가하고 있으며 이런 점은 세계화 과정에서 해소해야 할 집단 형성의 습성이라 본다.

❂ 영미인들이 이해하지 못하는 우리 나라 사람들의 행동들도 있을 수 있다

우리 나라 사람들은 세계 어느 민족보다도 예의가 바르기 때문에 전통적으로 동방예의지국의 민족이라고 알려져 왔다. 우리 나라 사람들은 인정이 많고, 감성이 풍부하고, 어느 민족보다도 다정다감하여 일체감과 국가에 대한 충성심이 강하다. 유교가 중국에서부터 시작되었지만, 유독 동양에서 한국만이 유교적인 전통을 많이 고수하고 실천하는 것도 21세기의 크나큰 문화적 장점이다. 우리 나라 사람들이 부모에 대한 효심, 국가에 대한 충성심, 친구들에 대한 신의 등이 다른 민족보다도 강하다는 것은 우리 나라 문화의 장점이다. 이런 동양 유교적인 문화 콘텐츠를 더욱 개발시켜 21세기 세계화 시대에 가장 강력한 문화 덕목으로 발전시켜 나감과 동시에 영미문화에 접목시켜야 할 필요성을 느낀다.

문화는 비판의 대상이 아니다. 문화는 그 자체 그대로 받아들일 수 있어야 한다. 우리 나라 사람들이 다른 나라를 여행할 때는 그 나라 문화 습관과 범절을 준수해야 한다. 그러나 우리 나라 사람들은 여행 시 영미인들이 이해하지 못하는 행동을 한다. 그 중에서 우리 나라 사람들이 외국에 여행을 갔을 때, 특히 유의해야 하거나 개선해야 할 사항들을 열거하면 다음과 같다. 예를 들어, 극소수 우리 나라 사람들은 공공 장소에서 아기 기

저귀를 아무 거리낌없이 갈거나, 아이에게 젖을 먹이는 행위를 한다. 이는 영미인들이 받아들이지 못하는 행동 중에 하나이다. 또한 아이들이 어른들이 노상이나 공공 장소에서 방뇨를 서슴없이 한다. 이 역시 세계화 시대에 마땅히 개선해야 할 행동이다. 이것은 우리 나라 사람들이 정말 고쳐야 할 악습 제 1호이다.

전통적으로 우리 나라는 백의민족이라 흰색 옷을 좋아한다. 일부 우리 나라 사람들은 어떤 색상의 옷이나 복장에 관계없이 흰색 양말만을 고집하여 신는 것을 좋아한다. 이것은 작은 일이고 개인적 취향이나 감각이라고 말할 수 있으나, 영미인들은 우리 나라 사람들의 모습을 보고 옷과 양말의 조화를 무시해서 미적 감각이 없다고 생각할지 모른다. 또한 우리 나라 사람들이 관광할 때에 정장을 입거나 특히 등산을 할 때 정장을 하는 것은 영미인들에게는 어색하게 보일 수도 있다. 등산할 때는 기능적인 등산복을 착용하는 것이 건강상 바람직하기 때문이다. 특정 장소에는 적절한 의상을 입어야 한다는 것을 알면서도 우리 나라 사람들이 고전 음악회에 청바지에 티셔츠 차림을 하는 것을 보면 영미인들과 우리 나라 사람들의 의식이 서로 다르다고 생각된다.

아주 일부 극소수의 우리 나라 사람들은 상대방에게 묻지도 않고 대신 음식이나 물건을 주문해서 제공하는 것이 친절이라고 생각하는 경향이 있다. 그리고 식사를 함께 가면 무조건 서로 상대방의 음식값을 지불하려고 한다. 이런 행동에 영미인들은 당황해하고 이해하지 못한다. 우리 나라 사람들은 식사 중에 맛있게 먹는다며 소리를 내서 먹는데 영미인들은 이런 태도를 무례하게 받아들인다. 그런가하면 일부 우리 나라 사람들은 식사 도중에 상대방의 음식 위로 손을 뻗어 양념통을 불쑥 집어서 사용한다. 반면, 영미인들은 꼭 "Please pass me _____" 라고 정중히 요구하는 습관을 갖고 있다. 이제는 식탁 예절이 우리 나라도 많이 개선되고 있지만,

일부 우리 나라 사람들은 음식을 먹은 후에 소리를 내서 입가심을 한다거나 입 안에 물을 하나 가득 넣고 소리를 내며 양치질하는 것과 같은 무례한 행동을 아무렇지 않게 자연스럽게 한다. 또한 식사 후에 상대방에게 양해를 구하지 않고 자리를 바로 떠나는 것을 자연스럽게 받아들이는 습관은 시정되어야 한다. 식사 후에나 식사 중에도 영미인들은 서로 대화를 부드럽게 연결시키거나 자연스럽게 상대방과 담소하는 것이 예의라고 생각한다. 그러나 우리 나라 사람들은 상대방에게 품위와 체통을 지키겠다며 전혀 대화하지 않는 것이 예의라고 생각하는 경향이 있다.

일부 우리 나라 사람들은 대중 앞에서 마른 오징어를 잘근잘근 씹어 먹기도 한다. 그리고 오징어에 소주를 마시는 행위는 일반적으로 관용적이다. 그러나 영미인들의 경우는 그렇지 않다. 그러므로 특히 여행을 할 때 비행기나 버스 또는 밀폐된 실내 공간에서 오징어 냄새는 영미인들에게 혐오감을 줄 수 있다는 것을 인식해야 한다. 우리 나라의 양주와 포도주 소비량은 세계 제일로 알려져 있으며, 우리 나라 사람들은 음주가 문화의 일부인 것처럼 음주를 많이 한다는 통계가 있다. 이렇게 음주 문화를 즐기는 우리 나라 사람들의 문제점 중에 하나는 음주 운전이다. 특히 음주 운전을 상습적으로 하는 사람이 있기 때문에 단속을 해도 줄어들지 않고 있다.

또 하나 문제가 되는 음주 문화는 다른 사람에게 술 마시기를 강요하는 관습이다. 전통적으로 우리 나라에서는 회식을 할 때 자신이 마신 잔을 상대방에게 권하는 것이 예의이고 친절이라 여겨왔다. 상대방에게 술을 권하고 그 술을 받아 마시는 행위를 통해 서로가 하나라는 일체감을 형성할 수 있다는 생각에서 상대방이 싫든 좋든지 간에 강제적으로 술을 권한다. 마시던 잔을 합석한 모든 사람들에게 돌리거나, 파티에서 술을 한잔만 더하라고 강요하는 이런 나쁜 습관들은 버려야 한다. 21세기 세계화 시대에 이렇게 권하는 것이 미덕이라는 우리의 생각을 시정해야만 한다.

　　일부 우리 나라 사람들은 모임마다, 심지어는 처음 만나는 양가의 약혼식장에서조차 노래를 하라고 강요하는 습관을 가지고 있다. 이것도 개선해야 할 것 중의 하나이다. 물론 이 관습은 우리 나라에서는 노래가 흥을 돋우는 유일한 방법으로 인식되어져 왔기 때문일 것이다. 또 하나 우리 나라 사람들이 개선해야 할 사항은, 이제는 많이 시정되고 있지만, 식탁과 사무실에서 화장실에 있어야 할 화장지를 놓고 사용하는 것이다. 비용 절감의 차원에서 화장지를 식탁용으로 사용하는 것이다. 그러나 이제 우리 나라도 화장지는 화장실에서, 식탁에는 식탁용 티슈(tissue)나 냅킨을, 화장할 때는 화장용 티슈를 사용하도록 개선해야 한다.

　　우리 나라의 거리에서는 동성 간에 손을 잡고 걸어가는 모습을 흔히 볼 수 있다. 더욱이 동성 간에 부르스나 손을 맞잡고 춤을 추는 것도 자연스런 행동으로 받아들여진다. 우리 나라 사람들은 이것을 친밀감을 주는 행동으로 받아들이고 문제가 없다고 생각하지만 이러한 행동은 영미 문화에서는 어색한 행동이고 기이한 행위로 이해될 수도 있다.

　　과거 우리 나라는 어디서나 둘만 모이면 화투를 즐기는 관습을 가지고 있었다. 70~80년대에는 비행기 안에서 화투를 즐기는 한국 단체 손님을 자연스럽게 받아들였다고 한다. 그래서 그 당시에 KAL(Korean Air Line)은 아예 화투를 준비해 놓고 있었다고 한다. 옛날에 우리 나라 사람들은 회식이나 모임 자리에서 언제나 화투치는 것을 좋아했었다. 지금은 많이 변화했을지라도 우리 나라 사람들은 여전히 화투 문화를 즐긴다. 화투 놀이 그 자체가 문제되는 것은 절대 아니다. 그러나 시간과 장소를 가리지 않고 화투 놀이를 즐기고 투전하는 것은 문제가 된다.

　　우리 나라 남성들 대부분 가부장적인 전통적인 관습을 지니고 있다. 옛날 우리 나라 남성들이 남성우월 사상을 가지고 있었기 때문에 그럴 것이다. 최근 우리 나라도 여성부를 중심으로 한 여성 단체들의 적극적인 홍보로 지금은 많이 개선되었고 여성의 지위가 높아졌기에 점차적으로 더욱 더 개선되고는 있으나, 아직도 가부장적인 남성의 행동은 사회 생활에도 그대로 나타나 있다. 예를 들어, 우리 나라에서 차를 탈 때나 식사할 때나 거리에 동반할 때 언제나 남성우위의 행동들을 쉽게 발견할 수 있다. 이런 남성우월 사상 때문에 90년대까지 우리 나라에서는 남아선호 사상이 지나칠 정도로 극성이었다. 그러나 2007년, 여자와 남자 아이의 선호도 차이가 크게 줄어들었다는 정부의 통계 자료는 시대의 변화를 절감케 한다.

  70~80년대에 우리 나라에서는 손님을 태우지 않고 빈 택시로 다닐망정 꼭 택시 기사가 목적지를 확인하고 기사의 마음대로 손님을 골라 태웠다. 그 당시는 우리 나라의 택시 기사가 불친절하다고 소문이 나 있었고 영미인들이 제일 비판하는 대상이었다. 과거 우리 나라에서는 버스도 정류장에서 그냥 지나쳐 버리곤 했다. 우리 나라 버스 운전기사들은 배차 간격 때문에 이런 무례를 흔히 범할 수 밖에 없다고 항변하곤 했다. 영국과 미국을 여행해 본 사람들은 운전 기사가 승차 보조, 짐 나르기와 같은 서비스하는 모습을 쉽게 볼 수 있었을 것이다. 지금은 개선되었지만, 과거에는 우리 나라 버스 기사들이 버스 안에서 담배를 피우기도 했다.

  특히 70~80년대 버스가 도착하면 손님들이 달려들곤 했었다. 80년대에 실제 미국 LA에서 이민 온 교포가 가방을 팔에 끼고 버스가 오자 달려가니 뒤에서 있던 순찰 경관이 그 교포가 소매치기 인줄 알고 호루라기 불면서 쫓아가서 잡았다는 웃지 못할 일화도 전해 내려오고 있다. 지금도 일부 우리 나라 사람들은 전철이나 버스, 혹은 엘리베이터에서 사람이 내리기도 전에 승차를 한다. 해외 여행 중에 비행기가 목적지에 도착하기도 전에 짐을 만지작거리며 부산을 떠는 것은 유독 우리 나라 사람들만이 하는 행동으로 알려져 있다. 우리 나라 사람들이 서두르고 남의 앞을 가로

막고 양보를 하지 않는 것이 자연스럽게 받아들여지는 것은 빨리 빨리 문화 때문이다. 극소수 우리 나라 사람들은 운전할 때도 그렇다. 앞차가 방향전환 신호를 주고 차선을 바꾸려고 하면 뒷차는 간격을 주지 않고 속도를 더욱 내서 양보하지 않는다. 우리 나라 사람들은 터널 속을 운전하면서 차선 변경을 자주 한다. 이것은 사고와 연결될 수 있는 운전 악습이다. 물론 우리 나라의 운전 문화는 영미 문화와 다르다고 생각하겠지만 기본적인 규칙은 같다. 그래서 70~80년대에는 미군 영내에서 선임 미군들이 후임 미군들에게 서울에서의 묵비 운전 기법이란 것을 교육했었다고 한다. 이 운전 기법은 서울에서 운전할 때 방향 신호를 주지 말고 끼어들어 교통지옥에서 살아남으라는 것이었다. 우리 나라의 혼잡한 도로에서 비양심적으로 운전하는 운전자들이 있더라도 관용적인 마음을 갖는 교통 문화로 개선하는 것이 세계화 시대로 가는 하나의 지름길일 것이다. 아주 극소수의 우리 나라 사람들은 내가 교통 위반하면 어쩔 수 없이 한 것이고 다른 사람이 한 것은 비양심적인 행동으로 몰아세우는 경향이 있다. 또한 과거 우리 나라는 운전자가 보행자에게 양보하는 경우는 드물었으며, 구급차나 소방, 경찰차가 지나가도 차들이 길을 비켜 주지 않았다. 오히려 그 뒤를 쫓아가는 비양심적인 운전자도 있었다. 과거 우리 나라에는 고속도로에서 갓길 운전을 하는 운전자를 언제나 볼 수 있는 후진국형 모습이었다. 지금은 많이 개선되어 우리 나라도 세계화로 가는데 문제가 없어 보인다.

　　우리 나라 사람들은 자기와 다른 모습의 사람들을 동물원의 짐승 보듯 빤히 쳐다보는 것을 아무렇지도 않게 생각한다. 일부 방송 프로그램에서는 우리 나라 사람들이 외국인이나 통통한 사람이나, 키가 크거나 작거나, 미인이거나 추녀거나, 다른 사람들에게 유난히 관심을 많이 보이는 장면을 방영하고 있다. 우리 니리 사람들은 다른 사람의 행동이나 모습에 유난히 관여하길 좋아한다. 전통적으로 우리 나라 사람들은 모르는 사람에게는 무서울 정도로 쌀쌀하지만 일단 사귀면 쓸개와 간을 빼줄 정도로 솔직하고 친절하였다. 지금은 많은 사람들이 변화된 생활 모습을 보이고 있지만, 과거의 우리 나라 사람들은 가까운 사람들과는 툭 터놓고 살아왔다. 즉, 감추는 것이 없었다는 뜻이다. 술집에 가면 세상 이야기, 개인 이야기 등에 대해 터놓고 대화해서 서로가 모르는 것이 없다. 우리 나라 사람들은 가까워지면 참견과 감정 표현을 많이 하는 경향이 있다. 일반적으로 우리 나라 사람들은 감정적이고 독선적이며 급하기 때문에 영미인들과 다른 행동을 보인다. 지금은 우리 나라 사람들의 관습이 많이 변화하여 세계화의 기준에 도달한 것도 많지만, 과거의 습관이 무의적으로 잔재해 있을 수도 있기에 환기를 하자는 의도이며, 우리 나라의 오래된 바람직한 문화 전통을 버리자는 것은 아니다.

❀ **우리 나라 사람들이 이해 못하는 영미인들의 행동들도 있을 수 있다**

우리 나라 사람들은 높은 도덕적인 기준과 삶의 덕목을 가지고 있는 것을 자랑스럽게 여겨야 하며, 영미인들에게 자연스럽게 우리의 장점을 알리는 노력도 게을리하지 말아야 한다. 우리 나라 사람들의 문화적인 기준으로 보면, 일반적으로 영미인들의 행동에 대하여 이해하지 못하는 것들이 있다. 예를 들어, 우리 나라 사람들은 영미인들이 사람을 부를 때에 손가락으로 손짓을 하는 것을 싫어한다. 우리 나라 사람들은 동물을 부를 경우에는 손가락을 사용하지만 사람을 부를 때는 손가락을 사용하면 무례하다고 생각을 한다. 우리 나라에서는 친구를 놀릴 때에 손가락을 사용한다.

영미인들은 사무실에서 다리를 책상에 올려 놓는다. 상사가 사무실에 들어와도 일어나지 않고 "Hi"라고 말만 한다. 그리고 어떤 영미인들은 거리에서 음악을 크게 틀거나 휘파람을 불고 차 안에서도 음악을 크게 틀어 놓는다. 영미인들은 집안에서 신을 신는다. 그들은 구멍이 나거나 찢어진 바지나 티셔츠를 입는 것을 즐겨한다. 지나치게 노출이 심한 옷을 입거나 배꼽을 내놓고 다니는 것도 아무렇지 않게 생각을 한다. 윗옷을 벗고 운동경기를 관람하거나 죠깅(jogging)을 하는 것이 우리에게는 조금은 어색하게 보여질 수도 있다.

영미인들은 음식을 먹으면서 손가락을 쪽쪽 핥는다. 맥주나 음료수를 병째로 홀짝홀짝 마시고, 거리나 버스에서 걸어다니면서 음식을 먹는다. 영미인들은 잘 모르는 음식을 먹어 보려고 하지 않으며 약간 무시하는 태도도 보인다. 영미인들은 맥주나 음료를 마실 때에 다른 사람에게 권하지도 따라 주지도 않는다. 식사 시 영미인들은 한번 권하면, 우리 나라 사람들은 예의상 한번 거절하지만, 그것을 그대로 받아들이고 더 이상 권하지 않는다. 사교적인 자리에서 혹은 식사 중에 코를 풀지만 미안해 하지 않는다. 그들은 우리 나라 사람들이 개고기를 먹는 것에 무척 민감하게 비판적이다. 또한 식사를 하고 각자의 식사값에 대한 돈을 따로 지불하는 것에 대해 우리 나라 사람들은 몰인정한 사람으로 간주하며 이해를 하지 못하지만 영미인들에게는 흔히 있는 일이다.

시간에 대하여 말하자면, 영미인들은 약속 시간에 늦는 사람을 기다려 주지 않는다. 이에 반하여 우리 나라 사람들은 친구가 늦게 오더라도 그 앞에서 자신의 감정을 나타내거나 그냥 가버리지 않고, 기다려주는 편이다. 우리 나라 사람들은 인정상 친구에 대한 예우가 우선이기 때문에 이성적이라기보다 오히려 감성적인 측면에서의 인간 관계를 중요하게 생각한다.

또한, 우리 나라에서는 연장자 앞에서 담배를 피우는 것은 상상도 할 수 없고 무례한 행동으로 받아들이지만, 영미인들은 연장자 앞에서 서습없이 담배를 피운다. 영미인들은 연장자에게 한 손으로 물건을 받지만, 우리 나라 사람들은 두 손으로 받아야 공손하고 예의바르다고 생각한다.

 영미인 자신들은 한국어를 배우지 않으면서, 우리 나라 사람들에게 영어는 반드시 배워야 한다고 말하며 그것을 당연하게 생각한다. 영국과 미국의 남자들은 외형적인 장식을 위해 귀걸이나 목걸이나 팔찌 같은 장식으로 꾸미곤 한다. 또 남자가 머리를 묶거나 헤어밴드를 한다. 공공 장소에서 영미인들은 애정 표현을 노골적으로 하기도 한다. 요즘, 우리 나라도 서양보다 더 앞서가는 경향이 있어 많은 사람들이 비판의 시선으로 보고 있으며 일부 사람들은 상업적인 마케팅 전략이나 매스컴에 쉽게 편승하고 있는 것은 아닌가하며 우려하고 있다.

 영미인들은 우리 나라 사람의 영어 구사력에 따라 그 능력을 평가하는 경향도 있으며, 영미인이라는 이유로 영어 교사 행세를 하며 가르치려고 한다. 심지어 우리 나라 제품을 말할 때 김치란 단어를 의식적으로 붙여가며 경멸적인 의미를 부여하길 좋아하는 사람들도 볼 수 있다. 또한 영미인들은 빨간 펜으로 우리 나라 사람의 이름을 쓰는 것을 아무렇지 않게 생각하지만, 그러나 우리 나라 사람들은 빨간 글씨는 죽었다는 뜻이라고 생각하여 기분 나쁘게 생각한다.

 영미인들은 돈을 받지 않으면 즉, 노동의 대가를 받지 않으면 일을 하지 않는다. 그 이유는 영미인들은 시간을 돈으로 생각하기 때문이다. 산업 사회의 특징은 이런 시간을 돈으로 환산하는 사회적 가치를 갖는데 우리 나라 사람들은 이것에 대해 비판적으로 생각한다.

3

영미인의 음식

❁ 음식은 삶의 귀중한 요소이다

　한 문화를 형성하는 요인 중에서 음식 문화처럼 귀중한 것은 없다. 우리의 기본적인 삶의 욕구는 먹고 사는 것이기 때문에 더욱 그렇다고 할 수 있다. 전형적인 미국 음식은 햄버거(hamburgers), 샌드위치(sandwiches), 핫도그(hotdog), 빵(bread), 치즈(cheese)를 들 수 있는데, 일반적으로 미국 사람들은 부드럽고 달콤한 음식을 좋아하며, 후식을 즐기는 음식 문화를 가지고 있다. 그리고 영미인들은 외식을 일주일에 한 번 정도 즐기는 것이 생활의 일부로 생각하는 문화 속에 살고 있다. 미국에서는 개방적인 문화와 다민족이 함께 살고 있는 환경으로 인해 외래 음식을 미국화하려고 많은 노력을 기울이고 있다. 예를 들어, 피자(pizza) 하면 본래는 이탈리아 음식인데 미국에서 외식 산업으로 발전시켰고 가장 사랑받는 대표적인 패스트푸드(fast food)가 되었다. 또, 타코(tacos) 하면 원래 멕시코 음식인데 미국에서 외식 산업으로 발전시켜 인기 음식이 되었다든지, 만두(egg-roll) 하면 중국 음식인데 미국에서 외식 산업 메뉴로 상품화된 것이 대표적인 사례이다. 미국 사람들은 바쁜 산업화의 현장에서 기다리

는 것을 싫어하고 될 수 있으면 즉석에서 해결하고자 하는 음식 문화를 가지고 있다.

영어와 한국어 식사 음식 비교

영역	영미 표현	한국어 표현	비고
미국 대중 음식	hamburgers, sandwiches, hotdog, bread, cheese, juicy steak, salad	햄버거, 샌드위치, 핫도그, 빵, 치즈, 스테이크, 샐러드	피자, 타코, 중국 음식 즐김
한국 대중 음식	rice, bean soup, tobu, Kimchi, bean sprout	밥, 된장국, 두부, 김치, 콩나물, 발효 젓갈	서양 음식 즐김
식사 종류	breakfast, lunch, luncheon, supper, dinner, brunch(breakfast + lunch)	아침 식사, 점심, 저녁 식사, 정찬, 아침, 새참	야식
후식 및 음료	Coffee, Coke, Pop, Ice cream	차, 커피, 과일	카푸치노

　그렇다고 해서 미국에서 고급 음식을 제공하는 고급 식당이 없는 것은 아니다. 미국 사람들이 제일 좋아하는 음식은 육즙이 풍부한 스테이크(juicy steak)를 나이프(knife)로 썰어서 먹는 것이다. 음식과 함께 정중한 식탁 매너(manner)를 즐기고, 상대방과 정다운 이야기를 나누면서 식사를 한다. 미국 사람들은 조찬 모임 시간에 함께 아침 식사를 하면서 모든 업무에 관한 이야기를 나눈다. 미국의 식사는 breakfast(아침 식사), lunch(점심), supper(저녁 식사)가 있는데 그중에서 제일 성대하게 격식을 차려 먹는 식사를 dinner(정찬)이라고 한다. Dinner는 점심 때가 될 수도 있고 저녁 때가 될 수도 있다. 런천(luncheon: 오찬)은 런치와 같은 뜻으로 사용되기도 하지만, 약간의 격식을 차린 점심 식사를 말한다. 한편, 최근 학생들 사이에서나 비즈니스맨들에게 brunch(breakfast + lunch)라는 것이 유행하고 있는데, 이것은 아침이 늦거나 점심 전 10~11시쯤에 먹는 식사를 가리키며 인기있는 식사 중에 하나가 되고 있다.
　영미 문화에서 아침 식사는 Continental Breakfast와 English

영미와 우리 나라 식사예절 비교

영미 문화	우리 나라 문화
큰 그릇 하나로 적당한 양의 음식을 가져다 놓는다. (개인 접시에 알아서 선택)	(개인의 식사량을 고려하지 않고) 밥그릇과 국그릇이 놓여있다.
숟가락, forks, 칼을 순서대로 이용 한다.	숟가락과 젓가락 이용한다.
반찬 그릇 수가 거의 없다.	반찬 그릇 수가 많다.
끼니마다 식단이 다르다.	반찬이 거의 일정하다.
자유스러운 대화가 진행된다.	식사 중 대화는 삼가한다.
나이 구별이 없이, 기도를 하고 함께 식사한다.	식사 때 어른이 먼저 먹기 시작한다.
한자리에서 밥상 하나를 이용한다.	(전통적으로) 어른과 아이들 밥상을 구별했다.

Breakfast로 나누어 먹는다. Continental Breakfast는 간단한 아침 식사로 빵과 토스트(toast)와 패스트리(pasteries)에 우유나 차 혹은 커피를 마신다. 그리고 English Breakfast는 정식으로 따뜻하게 조리한 감자, 고기, 시어리얼(cereal), 과일 등을 먹는다.

 미국에서는 빈부의 격차를 막론하고 한 끼로 먹는 음식에는 별반 차이가 없어 보인다. 주 메뉴는 거의 같으며 값도 저렴할 뿐 아니라 많은 사람들에게 어느 곳에서나 제공되고 있기 때문이다. 특히 점심 시간에는 식당의 음식값을 절반 정도로 할인하여 판매하는 것이 관례가 되었고, 스페셜 메뉴(special menu)를 제공하여 값싸고 맛있는 양질의 음식 문화가 발달되어 있다. 다만 일반적으로 말하자면, 상류 계층의 사람들은 고급 그릇에 담아서 먹는 것이고, 그렇지 않은 사람들은 값싼 그릇에 음식을 담아서 먹는다는 차이일 뿐이다.

 우리 나라에서는 밥그릇과 국그릇이 놓여 있지만, 영미 문화에서는 큰 그릇 하나에 음식을 담아 놓고 각자가 적당한 양의 음식을 자신의 접시에 덜어 놓는다(개인 접시에 알아서 선택). 또한 우리 나라에서는 숟가락과 젓가락을 이용하지만, 영미 문화에서는 숟가락, 포크, 칼을 이용한다. 우리 나라에서는 반찬의 수에 따라 그릇 수도 많아지는 반면, 영미 문화에서는 커다란 음식 접시와 개인용 접시가 준비된다. 우리 나라에서는 반찬이 거의 일정하고 식사 중에 대화를 잘 하지 않는 편이다. 하지만 영미 문화에서는 끼니마다 식단이 다르며, 자유롭게 대화를 나눈다. 우리 나라에서는 식사를 시작하기 전, 어른이 먼저 먹기 시작하지만, 영미 문화에서는 구별이 없이, 기도를 하고 함께 식사한다. 지금은 많이 변화했지만 과거, 우리 나라에서는 밥상을 어른과 아이들 간에 구별했으나, 영미 문화에서는 하나의 식탁 에서 모든 가족이 식사하는 문화를 이어오고 있는 것이 특징이다.

❀ 식사 시 주의점을 잘 지키면 문화인이 된다

영미 문화에서는 식사할 때 스프를 소리 내어 마신다든지, 후후 불면서 식사한다든지, 먹는 둥 마는 둥의 소극적인 식사 태도를 보면 무례한 행동으로 받아드린다. 반면에, 우리 나라에서는 국을 먹을 때 소리를 내면 맛이 있다고 생각하는 경향이 있고, 후후 불면서 먹으면 맛있기 때문에 그렇게 하는 것으로 생각한다. 미국에서는 재치기를 하면, "Excuse me" 하고 양해를 구하지만 코를 푸는 일을 하고는 실례했다고 사과하지 않는다. 우리 나라에서는 재채기를 하면 무례한 행동으로 생각하지 않지만, 코를 풀면 무례한 짓이라고 어른들이 아이들에게 꾸중을 준다.

정찬 시에 식탁 예절은 정장을 하고 참석해야 한다. 실제 식탁 예절을 열거해 보면 다음과 같다. 첫째, 냅킨(napkin)을 목에 걸지 말고 무릎

정찬 시 식탁 예절 절차

단계	식사 예절 절차
1	냅킨 (napkin)을 목에 걸지 말고 무릎 위에 놓는다.
2	나이프 (knife)는 오른손에 포크 (fork)는 왼손에 잡고 세우지 말아야 한다.
3	나이프로 고기나 음식을 찍어 먹지 말아야 한다.
4	접시를 손으로 들고 식사하지 말아야 한다.
5	입 안에 음식을 넣고 이야기하지 말고 식탁 위에 팔꿈치를 대고 이야기하지 말아야 한다.
6	식사 도중이나 후에 트림을 하지 말며 머리를 만지거나 긁지 말아야 한다.
7	음식을 먹고 나면 포크와 나이프를 정돈하여 식사 끝을 알린다.
8	칭찬과 초대에 감사하다는 예의를 꼭 표시하며 감사 카드를 꼭 적어 우송한다

위에 놓고, 둘째, 나이프는 오른손에 포크는 왼손에 잡고 절대로 이것들을 손에 잡고 세우지 말아야 하며, 셋째, 나이프로 고기나 음식을 찍어 먹지 말고, 넷째, 접시를 손으로 들고 식사하지 말아야 하며, 다섯째, 입 안에 음식을 넣고 이야기하지 말고 식탁 위에 팔꿈치를 올려놓고 이야기하지 말아야 하고, 여섯째, 식사 도중이나 후에 트림을 하지 말며 머리를 만지거나 긁지 말며, 일곱째, 음식을 먹고 나면 포크와 나이프를 정돈하여 식사 끝을 알린다. 그리고 이쑤시개를 사용하여 상대방에게 불쾌감을 주지 말아야 한다. 마지막으로 식사 초대를 받으면 음식이 맛있다는 칭찬과 초대에 감사하다는 예의를 꼭 표시하며 감사 카드(Thank-you card)를 적어 우편으로 발송한다. 식사에 초대를 받은 경우 꽃을 사가지고 방문해야 바른 예절이라 할 수 있겠다.

　이처럼 까다로운 서양의 식탁 예절도 알고 보면 100년 전부터 이루어진 것이지 그렇게 오래된 예절 방식은 아니다. 영국에서도 약 250년 전

정식 코스와 식단들

정식 코스	식사 제공 내용
1	오르되브르란 입맛을 돋구는 음식
2	스프 (soup)가 나오며 맑고 투명한 콩소매 (Consomme)와 진한 포타주 (Potages)
3	생선요리가 나오고 군감자나 매쉬드 포테토(mashed potato)
4	앙트레가 나오며 동시에 스테이크
5	샐러드 (salad)와 드레싱 (dressing)
6	디저트 (dissert)와 차, 커피

에 포크를 사용하지 않고 손가락과 나이프와 스푼만으로 식사를 했다. 그 당시 포크를 사용하면 신이 주신 손을 사용하지 않았고 불경하게 생각했기 때문이다.

영미 식당에서 양식은 정식(풀코스, Table d'hote)과 일품요리(A la carte), 특별요리(Plat du jour), 부페(Buffet) 등으로 구분된다. 정식에서 제1코스는 오르되브르란 입맛을 돋우는 음식이 나오고, 제2코스는 스프가 나오며 맑고 투명한 콩소매(Consomme)와 진한 포타주(Potages)가 곁들여진다. 제3코스는 생선요리가 나오고 군 감자나 으깬 감자(mashed potato)가 곁들여진다. 제4코스는 앙트레가 나오며 동시에 스테이크를 먹는다. 제5코스는 샐러드(salad)와 드레싱(dressing)이 나오고, 마지막에 디저트(dissert)와 차 혹은 커피가 나온다.

종업원이 봉사하는 식당에 가면 종업원의 안내없이 빈자리가 있다고 자기 마음대로 빈자리에 불쑥 앉으면 안 된다. 꼭 종업원의 지시에 따라서 지정된 좌석에 앉아야 한다. 예약이 필요할 경우도 있고, 회원권이 있어야 입장할 경우도 있다. 고급 식당이나 웨이터(waiter)나 웨이츄레스

(waitress)가 있는 식당에서 식사를 하였을 경우에는 봉사료인 팁을 음식 값의 총액을 환산하여 10% 줘야 하기에 꼭 잔돈을 준비해야 한다.

❖ 파트럭 파티는 이웃과 정을 나누는 모임이다

　　미국에는 우리와 다른 음식 파티 문화가 있는데, 바로 파트럭 파티(Potluck party)이라고 하는 것이다. 파트럭 파티는 각자가 자신이 잘하는 음식이나 집에서 요리 가능한 음식들을 준비해 가지고 와서 서로 나눠 먹는 파티이다. 이는 음식을 이웃과 함께 나누어 먹는 양식을 결집시킨 문화로서 무척 흥미있고 협동적인 파티라 할 수 있겠다. 이런 파트럭 파티를 통하여 학부모회를 하는 것이 미국에서는 일상적인 친교 모임이고, 가족의 크고 작은 일조차도 미국에서는 파트럭 파티를 통하여 해결하는 것이 일반적인 문화이다. 이러한 점에서 파트럭 파티는 우리 나라에서도 권장할만한 정찬 모임이라고 생각되어진다. 서로가 잘하는 음식을 만들어 와서 참여하면 한 사람이나 가정에 음식 부담을 주지 않으면서도 서로 친교하고, 필요한 모임을 가질 수 있기에 더욱 바람직하며 식당에 가서 돈을 쓰지 않으므로 보다 경제적인 방법이 될 것이다.

✿ 우리 나라 음식은 대부분 웰빙 식사이다

　우리 나라의 전통 음식은 김치, 깍두기, 된장국, 밥이다. 우리 나라 음식만큼 훌륭한 웰빙 식단을 가지고 있는 나라는 없다. 특히 우리 나라 된장은 가장 대표적인 발효된 웰빙 음식으로서 우리 나라 재래식 된장은 일본의 미소보다도 항암 물질을 많이 지니고 있어 높은 항암 치료 효능을 보이고 있다. 과학적인 실험 결과에 의하면, 우리 나라 재래식 된장이 가장 효험이 있고, 상품화된 된장이 두 번째이며, 일본식 미소가 세 번째로 항암 효능이 있는 식품으로 판명되었다. 따라서 우리는 이러한 음식들을 세계화하고 상품화하는 데 노력할 필요가 있다. 그동안 우리 나라에서는 산업화된 된장 공장에 투자하여 세계에 홍보하고 수출하는 노력을 왜 하지 않았을까? 또한 빼놓을 수 없는 음식은 김치인데, 김치 역시 마찬가지로 가장 완벽한 발효 식품이라고 극찬을 받고 있다. 일본은 우리 나라 김치를 기무치라고 하여 상품화, 규격화, 산업화하고자 국제 기구를 통한 많은 다양한 활동을 벌이고 있는데, 원산지인 우리 나라는 이러한 개발에 너무 뒤쳐져 있는 것은 아닌가 생각된다. 그러나 신세대 음식 문화를 살펴보면 빵과 커피, 양주 문화가 대다수를 차지하고 있음을 볼 수 있다. 오늘날 외식 양식 사업이 연 4조 원으로 외국 제품에 대한 로열티만 1백억을 지불한다고 한다. 우리 나라가 그 돈으로 우리의 전통 음식을 개발하고 상품화하지 않는 것은 너무 안타까운 일이 아닐 수 없다.

❖ 우리 나라에서 커피 대접과 담배는 일반화 되어 있다?

　　우리 나라에서는 어느 집에 가든지 기호를 묻지 않고 당연하게 식탁 위에 나오는 음료가 있는데, 바로 커피이다. 커피에 설탕과 크림(cream)을 듬뿍 넣어서 상대방의 기호를 물어보지도 않은 채 대접을 하는 모습을 종종 볼 수 있다. 언제부터 우리 나라 사람들이 차 대신 커피를 생활화 하였는가? 사실, 우리 나라 음료 산업은 커피 수입에 수백억을 쓰고 있다. 미국 커피 체인점인 스타벅스(Star Bucks)가 전국을 뒤덮고 있는 실정이니 말이다. 근래 우리 나라 젊은이들 사이에서 된장녀라는 신조어가 생겨나게 되었다. 2006년에 화제가 되었던 된장녀란 우리 나라 젊은 여성들이 1000원짜리 점심을 먹고, 스타벅스 커피점에서 5000원 혹은 그 이상의 가격으로 커피를 사서 마시면서, 경제적 능력도 되지 않으면서 명품 옷을 걸치고 다니는 행동과 모습을 가리키는 신조어이다.

　　한 가지 더 안타까운 현실은 우리 나라의 어느 공공 장소나 가정에서 남자들이 담배를 피워서 가족들에게 간접 흡연을 시키고 있다는 것이다. 더욱이 큰 문제는 청소년 흡연과 여성 흡연 인구가 기하급수적으로 증가하고 있다는 것이다. 이제는 구체적으로 금연을 생활화 하고 계몽을 해야 할 때가 아닌가 생각된다. 굳이 담배를 피우고 싶을 때는 반드시 "May I smoke?" 하고 상대방의 허락을 받아야 하며, 차 대접을 할 때는 "Would you like tea or coffee?" 혹은, "How would you like your coffee?"라고 물어봄으로써 상대방을 배려하는 문화가 절실하다.

4

영미인의 직업과 부

✿ 문화에 따라 직업의 선호도는 다르게 나타난다

문화에 따라 직업의 선택이 다양하게 나타난다. 우선 미국 사회에서는 남성과 여성 간에 직업의 구별을 두지 않는다. 여성들이 버스 운전기사나 소방관으로도 많이 종사하고 있으며, 거친 노동 현장이나, 걸프전(Gulf War, http://blog.dreamwiz.com/hhs2134/5447003)과 같은 전쟁터에서조차 여성 직업 군인들을 종종 볼 수 있다. 그러나 직업에는 성적 차별을 두지 않지만, 그들이 사용하는 영어의 문장 구조와 단어에는 성적 차별의 의미와 표현이 내재되어 있으며 사용되고 있다. 한편 그들은 돈을 많이 벌 수 있는 일이면 무조건 최고의 직업이라는 생각을 가지고 있으며, 시대의 흐름에 따라 첨단 산업이나 정보 산업과 관련된 직업에 더 많은 매력을 느낀다. 그리고 미국에는 4만 개 이상의 다양한 직종의 직업이 존재하여 그곳에서 일하는 전문가들도 많이 있다.

우리 나라 문화에서는 전통적으로 선비 "사(士)"자가 든 직업을 무척 선호한다. 앞으로 우리 나라도 첨단 과학과 이공 기술 계통 육성이 우리의 살길이란 것을 알아야 하지 않을까? 미국은 약 2만 개의 직종이 있다

영미인과 우리 나라 사람들의 직업 선호도

영미인이 선호도 직업	우리 나라 사람들의 선호도 직업	비고
Businessman (사업가)	Civil Servant (공무원) Teacher (교사)	양 문화 IT 분야 직종 선호 연예계 선호 운동선수 선호 돈 버는 직업 선호
Sports Stars (운동 선수)	Lawyer (변호사, 판검사)	
Accountant (회계사)	Talent (연예인)	
Engineer (기사)	Doctor (의사) Stockbroker (증권 직원)	
Computer Specialist (컴퓨터 기사)	Sports Stars (운동 선수)	
Actor/Actress (배우)	Computer Game Player (게임 전문가)	
Stock broker (증권 직원)	Diplomat (외교관)	
Scientist (과학자)	Professor (교수)	
Designer (디자이너)	Pilot (조종사)	
Car Dealer (자동차 판매상)	Reporter (기자)	

고 하지만 우리 나라에는 지금 약 100여 개의 직종이 있다고 하니 앞으로 전문화시켜야 할 직종이 얼마나 다양한지 알 수 있다.

　　영미인들과 우리 나라 사람들의 직업 선호도를 비교해보면 재미있는 현상을 볼 수 있는데, 미국인들은 더 자본주주적인 즉, 경제 중심의 직업을 선호하고, 우리 나라 사람들은 안정된 직장을 선호한다. 이것은 물론 시대의 흐름에 따라서 많이 변화할 것이라고 추측이 된다. 흥미있는 사실은 미국에서는 교사직이 인기가 없지만, 최근 우리 나라 일간 신문사의 조사에 따르면 선호하는 직업으로 혹은 결혼 상대의 직업으로 선호하고 있다.

✿ 미국인의 직업과 부는 시대에 따라서 새로운 길디드 시대가 형성되고 있다

　　미국은 사회 경제 체계가 철저히 자본주의의 교과서 같은 국가이다. 지금 미국에는 새로운 길디드 시대(Gilded Age)가 찾아오고 있다. 길디드 시대란 부의 형성 과정, 즉 "19세기의 도금 시대"라는 의미이다. 역사적으로 보면, 미국의 도금 시대는 남북전쟁(1861~1865) 이후 19세기부터 철강, 자동차 중심의 공업 국가로 변신하여 급속한 경제 성장을 주도하였으나, 21세기 초에는 금융, 미디어, 정보통신 등의 발달로 "새로운 도금 시대" 즉 부의 창출이 형성되고 있다.

　　『뉴욕 타임즈(*New York Times*)』에 의하면, 새로운 부의 형성 과정은 100년 전의 미국의 길디드 시대가 현재의 미국과 서로 다른 부자들이 형성된다고 분석하고 있다. 옛날의 길디드에는 록펠러(Rockefeller)나 카네기(Carnegie) 같은 산업화 시대에 어울리는 전설적인 부자들이 생겨났지만, 최근 20여년 간 미국에서도 마이크로 소프트의 빌 게이츠나, 투자의

미국 역대 부자 순위 (뉴욕 타임즈의 100인의 부자들, 마이클 클레퍼 작성)

세계 순위	이름	직업	추정 재산 (억 달러)
1	존 록펠러	석유	1920
2	코모도어 코넬라우스 밴더빌트	철도	1430
3	존 제이콥 에스터	모피	1160
5	빌 게이츠	IT	820
6	앤드루 카네기	철강	750
9	제이 굴드	금융	670
12	헨리 포드	자동차	540
16	워런 버핏	금융	460
24	J. P. 모건	금융	380

귀재 워런 버핏(Buffett), 씨티 그룹의 샌포드 웨일(Weill) 등 정보화 시대에 어울리는 억만장자가 많이 생겨나게 되었다. 이런 현대판 부자들은 대학, 박물관, 도서관 등에 옛날의 거부들처럼 천문학적으로 기부하고 있다.

그러나 이런 미국의 부자들은 자본주의 체제에서 낮은 세율과 작은 정부의 덕 때문에 형성된 부자라는 것이 100년 전이나 지금이나 같은 현상이라고 뉴욕 타임즈는 분석하고 있다. 자본주의 부유층에 유리한 세금 제도는 부가 편중되는 문제는 있으나, 국가 경제 산업 발달의 측면이나 국민 소득 향상에는 긍정적인 면도 있다는 것이다. 미국에서 길디드 시대의 막바지 1915년에 최상위 0.01%가 국민 소득 5%를 가져갔었지만, 지금 미국의 950만 달러(약 87억 원) 이상을 벌어들이는 상위 계층은 약 1만 5천 가구나 된다고 한다. 21세기 지금은 역시, 정보통신, 금융, 새로운 콘텐츠 개발, 문화 예술 상품 등의 분야에서 새로운 길디드가 형성될 것 같다.

❀ 욘 (yawn) 족 — 평범하게 살면서 자선 활동을 열심히 하는 부자가 늘어난다

미국 『월스트리트 저널(*The Wall Street Jounal*)』은 최근 미국 텍사스 오스틴에 사는 필립 버버(Berber) 씨가 욘(yawn: young and weathy but normal)족이라고 소개하고 있다. 그는 나이 47세에 소유하고 있던 증권을 팔아서 4억 달러(400억 원) 갑부가 되었다. 그러나 그는 오스틴의 외곽에서 보통 중산층이 살고 있는 집에서 평범하게 산다. 그는 부자들이 갖는 자가용 비행기도 살 생각을 하지 않고, 호화 주택을 탐내지도 않는다. 그는 많은 재산을 아프리카의 가난한 사람에게 기부하고 있다. 2000년도 이후 미국의 새로운 풍속도는 많은 부자들이 평범한 생활을 하면서 열심히 어려운 사람들만 돕는 사회사업가가 많아졌다는 것이다.

여피족, 보보스족, 욘족의 비교

영역	여피족	보보스족	욘족
어원	young urban professionals	bourgeois + bohemian	young and wealthy but normal
주도 시기	1980년대	1990년대	2000년대
소득과 재산	전문직 고소득	전문직 고소득	초부자, 자수성가형
교육수준	최고 고등교육	최고 고등교육	IT 분야 고등교육
삶의 방식	정직과 세련된 행동	물질 풍요와 자유분방	가족과 자선사업 검소한 생활

1980년대 여피(yuppies: young urban professionals)족은 고급 외제차, 요트, 자가용 비행기 등을 소유하면서 과소비와 자기 중심적인 환상적인 삶을 살았던 부류들을 가리키는 말이었다. 1990년대는 보보스

(bobos: bourgeis + bohemian)족이 판을 쳤었는데, 보보스족이란 전문직 고소득자들이고 돈 낭비는 안하고 유행에 얽매지 아니하고, 자신이 필요한 정보와 취향에만 몰두해서 살아가는 사람들을 가리키는 말이었다. 2000년대 이후에는 고소득자면서도 자신은 평범하게 생활하지만 남을 위해서 헌신하고 가진 재산을 아깝지 않게 기부하는 아름다운 문화를 조성하는 욘족이 미국 사회를 지배하고 있다. 욘족은 자녀에게 재산을 물려주지도 않고, 자녀들을 고액의 등록금을 내는 사립학교에 보내려고 노력하지도 않는다. 수수한 옷차림에 활발한 자선 활동만 벌이는 빌 게이츠 마이크로 소프트 회장, 야후의 창업자 제리 양(Yang)과 이베이 창업자 피에르 오미디아르(Omidyar)도 욘족이다. 이것이 미국을 세계 최고의 나라로 지탱하는 힘일 것이다.

❁ 물건 사기는 건전한 소비 생활의 기본이다

물건을 사기 위해 상점이나 백화점에 가보면 그 나라의 문화 수준을 짐작할 수 있다. 영미 문화에서는 가게에서 "May I help you?" ("What can I do for you?" "Can I help you?")라고 점원이 제안할 때, 구경만 하러 왔다며 "Just Looking." 하면 점원은 더 이상 귀찮게 굴지 않는다. 그러나 살 물건이 있어서 "I'm looking for _____." 라고 말하면 친절히 도와준다. 이렇게 영미 문화에서는 고객에게 친절하지만 절제된 범위 내에서 고객에게 도움을 주려고 한다. 물건을 사는 것은 일반인의 생활의 일부이기 때문에 절대 구속을 받거나 부담을 주지 않으려고 한다.

영미 문화에서 물건 가격은 정찰제이고, 세일(sale)을 할 때는 물건의 값을 대폭 할인해서 판매한다. 우리 나라 시장에서는 물건을 살 때 에누리나 깎아 주기를 당연하게 생각해서 흥정을 주저하지 않으며 물건을

물건 사기의 문화

영역	영어 표현	비고
물건 사기 대화	May I help you? I'm looking for _____. Just looking.	구매 활동 표현
물건 판매 방법	Sale. Bargain Sale.	한국 – 세일, 상설할인매장
거스름돈	Price $7.00. plus $1, $8.00, ... $9.00 and $10.00.	잔돈 하나씩 주면서 합산
돈 종류	Penny, Nickle, Dime, Quarter, Dollar, 2 Dollars...	Personal check, Cash, Card
판매 장소	Quick shop, Mall, Department Store, Mail Order, Discount Store, Secondhand Shop	한국 – 시장, 백화점, 가게, 통신판매 등으로 분류
흥정과 지불	How much is it? Do you have any cheaper? Can you give me any discount? This is a resonable price. May I have a receipt?	상점에서 점원과 기본적 표현

사고 팔 때, 그 물건 값을 지불하면서 동시에 전통적으로는 "덤"이라는 것을 받기 좋아한다. 오히려 공짜로 한두 개쯤 더 주면 좋아하는 사고 방식을 가지고 있다.

    영미 문화에서는 거스름돈을 거슬러 줄 때, 우리 나라와 전혀 다르게 계산을 한다. 예를 들어, 7불짜리 물건을 사고, 고객이 점원에게 10불짜리 돈을 지불하면, 점원은 거스름돈을 줄때 1불을 주면서 물건 값 7불에 더하기 8불하고, 또 1불을 주면서 9불하고, 또 1불을 주면서 총 10불이라고 말하면서 준다. 영미 문화에서는 점원이 고객에게 거스름돈을 일일이

챙겨서 확인시켜가면서 되돌려준다.

영미 문화에서는 갯수를 세는 방법도 우리 나라처럼 엄지손가락부터 하나 둘 셋하고 세지 않고, 새끼손가락부터 수를 센다. 손가락을 사용하여 셈을 하는 것이 우리와 다른 숫자 세는 방법이라고 할 수 있겠다.

미국 문화에서 미국 동전은 1센트를 Penny(에이브러햄 링컨 대통령의 얼굴이 새겨져 있음)라고 하고, 5센트를 Nickle(민주주의 아버지라는 토머스 제퍼슨 대통령의 얼굴이 새겨져 있음)이라고 하며, 10센트를 Dime(32대 시어도어 루즈벨트 대통령의 얼굴이 새겨져 있음)이라고 하고, 25센트를 Quarter(초대 대통령 조지 워싱턴의 얼굴이 새겨져 있음)라고 말한다. 하지만 5센트가 10센트짜리 보다 커서 외국 사람들은 곧 잘 혼동하기도 한다. 1불을 Dollar라고 하고 2달러, 5달러, 10달러, 20달러, 50달러, 100달러, 1000달러 지폐로 되어 있지만, 미국 사람들은 지폐를 사용하지 않고 개인 수표, 혹은 신용카드(Credit card)를 사용하는 것이 상거래의 철칙으로 한다.

✿ 미국의 대통령직은 세계의 지도자이다

미국의 대통령은 세계의 대통령이라고 할 만큼 영향력이 가장 큰 지도자의 자리이다. 이런 막강한 팩스 아메리카나의 힘과 경제적인 힘이 세계의 경찰로 세계 경제의 축으로 움직이고 있다. 1776년 미국이 13개 주로 독립을 선언한 이래, 1789년에 조지 워싱턴(George Washington, 1732~1799)이 초대 대통령직에 오르게 되었다. 제2대 애담스와 제3대 제퍼슨, 제4대 매디슨과 함께 미국 초기 헌법과 국가의 형태를 형성하는 데 기여하였다. 제16대 링컨이 자유민주주의를 이루는 초석을 놓았으며, 현대의 산업 국가로 만드는 데 기여를 하였다. 미국의 영토를 확장하는 데 기여한 대통령도 많다. 예를 들면, 제11대 폴크(James Knox Polk, 1845~1849)는 텍사스 주와 오리건 주를 합병하는 데 기여하였고, 제25대 맥킨리(William McKinley, 1897~1901)는 스페인전쟁을 주도하여 방대한 해외 영토 확보 등 번영을 주도한 대통령이다. 제32대 루즈벨트(Franklin D. Roosevelt, 1933~1945)는 중년에 닥친 소아마비를 극복하고 제2차 대전을 승리로 이끌어 미국을 최강국으로 올려놓았다. 제33대 트루먼(Harry S. Truman, 1945~1953)과 제34대 아이젠하우어(Dwight D. Eisenhower, 1953~1961)는 한국전쟁에, 제36대 존슨(Lyndon Baines Johnson, 1963~1969)과 제37대 닉슨(Richard Milhous Nixon, 1969~1974)은 베트남전쟁에, 제43대 부시(George W. Bush, 1999~)는 중동전쟁에 개입한 대통령이다. 이런 모든 분들이 미국의 대통령일 뿐만 아니라, 세계 대통령으로 그 역할을 했다.

미국의 역대 대통령의 직업을 살펴보면, 변호사 출신이 22명, 군인 출신이 4명, 농부 출신이 4명, 교사 출신이 4명, 작가 출신이 2명, 사업가 출신이 2명, 기계공, 재단사, 배우 출신이 각각 1명씩 있다. 심지어는 정규 학교 과정을 이수하지 않은 사람도 8명이나 된다. 미국에는 이민자들이 많아서 대통령이 되기 위해서는 세 가지 자격을 세워두고 있다. 첫째, 미국 시민권자이어야 하고, 둘째, 35세 이상이어야 하며, 셋째, 미국에서 14년 이상 거주한 적이 있어야 한다.

미국 역대 대통령의 이름, 출신 지역, 출신당과 특징

순서	대통령 이름	재위 기간	출신 지역, 출신 당과 특징
초대	George Washington	1789~1797	독립전쟁의 영웅. 버지니아 주, 연방주의자
제2대	John Adams	1797~1801	대법원에서 취임 선서를 한 최초의 대통령. 매사추세츠 주, 연방주의자
제3대	Thomas Jefferson	1801~1809	문학적 재능이 우수, 독립선언문의 기초를 맡음. 버지니아 주, 민주-공화당
제4대	James Madison	1809~1817	헌법의 기본 신조를 기초하여 '헌법의 아버지'라 불림. 버지니아 주, 민주-공화당
제5대	James Monroe	1817~1825	먼로 독트린으로 유명, 독립전쟁에서 명성을 떨침. 버지니아 주, 민주-공화당
제6대	John Quincy Adams	1825~1829	국무장관 시절 먼로독트린을 실질적으로 주도. 매사추세츠 주, 민주-공화당
제7대	Andrew Jackson	1829~1837	자수성가한 대통령으로 보통 사람을 대변한 최초의 대통령. 사우스 캐롤나이나 주, 민주당
제8대	Martin Van Buren	1837~1841	직업 정치인으로 대통령이 된 최초의 인물. 뉴욕, 민주당
제9대	William Henry Harrison	1841~1841	임기중 사망한 최초의 대통령. 버지니아 주, 위그당 (자유당)
제10대	John Tyler	1841~1845	강력한 리더쉽 발휘. 버지니아, 위그당
제11대	James Knox Polk	1845~1849	영토 확장, 텍사스 주와 오리건 주 합병에 전력을 기울임. 노스 캐롤라이나 주, 민주당
제12대	Zachary Taylor	1841~1845	직업 군인이며, 멕시코 전쟁의 영웅, 재직중 사망. 위그당 (자유당)
제13대	Millard Fillmore	1850~1853	통합의 정치 실시. 뉴욕 주, 위그당

순서	대통령 이름	재위 기간	출신 지역, 출신 당과 특징
제14대	Franklin Pierce	1853~1857	북부출신, 노예제에 찬성, 1953년 유혈의 캔자스 사건을 촉발시킴. 뉴햄프셔 주, 민주당
제15대	James Buchanan	1857~1861	남북의 대립을 해결하고자 노력한 대통령. 펜실바니아 주, 민주당
제16대	Abraham Lincoln	1861~1865	취임 한달 후 남북전쟁이 시작되고, 승전 후 암살당함. 켄터키 주, 공화당
제17대	Andrew Johnson	1865~1869	통합의 정치 노력. 오하이 주, 공화당
제18대	Ulysses Simpson Grant	1869~1877	북부 총사령관에 오르고, 남북전쟁 덕에 대통령까지 오름. 노스 캐롤나이나 주, 민주당
제19대	Rutherford B. Hayes	1877~1881	부정 시비를 겪고 당선된 최초의 대통령. 오하이 주, 공화당
제20대	James A. Garfield	1881~1881	잭슨 대통령 엽관 제도의 희생양, 운하 소년이란 별명이 있음. 오하이 주, 공화당
제21대	Chester Alan Arthur	1881~1885	각 주의 지역 발전 기여. 버몬트 주, 공화당
제22대	Grover Cleveland	1885~1889	버팔로 시장에서 출발 백악관 입성, 정직한 개혁가. 뉴저지 주, 민주당
제23대	Benjamin Harrison	1889~1893	대통령직 백주년되는 해에 취임. 인디아 주, 공화당
제24대	Grover Cleveland	1893~1897	노예제도가 폐지된 후 취임한 첫 민주당 자유무역 반대, 뉴욕, 민주당
제25대	William McKinley	1897~1901	스페인전쟁 주도, 방대한 해외 영토 확보 등 번영을 주도한 대통령. 오하이 주, 공화당
제26대	Theodore Roosevelt	1901~1909	의용 기미대 조직 스페인전쟁을 치른 국민적 영웅 42세 최연소 대통령. 뉴욕, 공화당

순서	대통령 이름	재위 기간	출신 지역, 출신 당과 특징
제27대	William Howard Taft	1909~1913	루스벨츠의 기대를 저버리고, 보수적이고 소극적인 정책을 펼침. 오하이오 주, 공화당
제28대	Woodrow Wilson	1913~1921	교수 출신의 대통령으로 가장 뛰어난 웅변력을 갖춤. 버지니아 주, 민주당
제29대	Warren G. Harding	1921~1923	지방신문 편집자급의 부패 정부를 이끌었고 순회연설 도중 급서. 오하이오 주, 공화당
제30대	Calvin Coolidge	1923~1929	정직하고 엄숙하며 과묵한 전형적인 미국인의 특성을 구비한 인물. 버몬트 주, 공화당
제31대	Herbert Hoover	1929~1933	취임 후 곧 이어 대공황의 환란기를 경험한 불운한 인물. 아이오와 주, 공화당
제32대	Franklin D. Roosevelt	1933~1945	중년에 닥친 소아마비를 극복한 미국을 최강국으로 올려놓은 불사조. 4번 연임, 뉴욕, 민주당
제33대	Harry S. Truman	1945~1953	냉전시대에 취임하여 주로 국제 관계의 위상을 드높이는 데 공헌. 미주리 주, 민주당
제34대	Dwight D. Eisenhower	1953~1961	전쟁 영웅이 대통령에 오름, 보이스카우트적인 이미지. 캔사스 주, 공화당
제35대	John F. Kennedy	1961~1963	T.V 시대의 인물로 최연소 대통령이자 첫 로마 가톨릭 대통령. 임기 중 서거, 매사추세츠 주, 민주당
제36대	Lyndon Baines Johnson	1963~1969	베트남전쟁을 경험한 비운의 인물. 텍사스 주, 민주당
제37대	Richard Milhous Nixon	1969~1974	베트남전쟁 종식, 공산 중국과 국교 수립, 워터게이트사건 때문에 임기중 사임한 최초의 대통령. 캘리포니아 주, 공화당
제38대	Gerald R. Ford	1974~1977	투표없이 닉슨의 사임으로 대통령에 취임. 네브라스카 주, 공화당

순서	대통령 이름	재위 기간	출신 지역, 출신 당과 특징
제39대	Jimmy Carter	1977~1981	소박한 열정과 도덕성으로 신선한 기운을 일으키며 현실 정치의 혼란. 조지아 주, 민주당
제40대	Ronald Reagan	1981~1989	영화배우 대통령, 역사상 최고령까지 집권, 퇴임 후 알츠하이머 병에 걸림. 일리노이 주, 공화당
제41대	George Bush	1989~1993	CIA 출신 대통령으로 예일 대학 경제학부 졸업. 매사추세스 주, 공화당
제42대	Bill Clinton	1993~1999	조지타운대, 예일대 법과대학원 출신. 아칸소 주 주지사, 민주당
제43대	George W. Bush	1999~	걸프전 다시 주도, 예일대 출신. 텍사스 주, 공화당

5

영미인의 영토 소유

❖ 영토 확장은 영미인들의 끊임없는 도전 과정이었다

어떤 문화든지 영토를 소유하려는 열망은 다 있지 않을까? 영미인들은 일찍이 식민지를 개척하고 영토 확장의 전쟁을 겪은 민족이다. 24시간 지구상에 해가 지지 않을 정도의 명망을 지녔던 영국은 18세기에 많은 식민지를 가지고 있었다. 또한 미국도 영국으로부터 독립할 때 동부의 13개 주를 가지고 미국을 탄생시켰지만, 지금의 광활한 미국 영토를 확보하기 위해서 그들은 악착같이 멕시코(Mexico)와 전쟁을 하여 텍사스(Texas)를 중심으로 한 남부를 차지하였고, 프랑스와 전쟁을 하여 루이지애나(Louisiana) 주를 차지하였으며, 스페인(Spain)과 전쟁하여 캘리포니아(California) 일대를 자신들의 영토로 만들었다. 또한 수많은 인디언을 몰살시켜 보호구역 안으로 몰아 넣고 미국의 영토로 만들었으며, 심지어는 1867년에 미 국무장관이던 윌리엄 시워드(Willian Seward)가 러시아로부터 알라스카(Alaska)를 7백 2십 만 달러에 매입하였다. 그때 땅을 한 에이커(acres, 약 3천 평) 당 2센트를 주고 매입했으니 지금 생각하면 공짜로 주은 거나 다름없는 가격이다. 그 당시 미국 사람들조차도 세계에서 제일

비싼 쓸모없는 냉장고를 샀다고 시워드 국무장관을 비난했다. 그러나 지금 알라스카는 황금 어장, 황금 및 풍부한 광물, 석유, 가스, 원시의 재목, 광천수, 동물 등 무한한 자연의 보고가 되었다. 알라스카는 미국의 미래 재산이자 최후의 개척지가 된 것이다. 그래서 미국은 1776년 독립 당시 13개 주였지만, 1959년에 알라스카와 하와이를 편입시켜 50개의 주로 만들었다. 세계에서 러시아가 제일 큰 영토를 가지고 있고, 그 다음이 캐나다, 그리고 중국, 네 번째가 바로 미국이라는 나라이다.

❀ 우리 나라 사람들은 유별나게 집 소유에 집착한다

영미인들은 집에 울타리를 치지 않고 집 둘레에 잔디를 심어 경관을 아름답게 가꾸고 있다. 집 건축도 사방에 유리를 끼워서 안에서 밖을 볼

영미와 한국의 주거 및 경작 소유 문화 비교

영역	영미 문화	한국 문화
주택 형태	전원과 잔디 있는 주택 선호, 울타리 없음	아파트 선호, 주택의 울타리 중요
논/ 밭/ 농장/ 목장	주위 철조망 경계 철저	철조망 경계 없음
주거방식	임대 및 월세 선호	전세 혹은 소유 선호
주거 지역	전원주택 선호	도시 아파트 선호, 주상복합 고층 아파트 선호
주거 가족 형태	핵가족 주거 선호	전통적 대가족, 현재 핵가족 선호

수 있게 꾸미는 것이 특징이다. 그러나 그들이 소유한 농장이나 목장 주위에는 철조망이나 울타리를 설치하여 자신의 영토임을 강조하는 것이 특징이다.

우리 나라에서는 집을 짓는 일보다 중요한 것이 집 울타리를 설치하는 일이다. 집 주위에 철조망이나 돌담이나 벽돌담을 꼭 치고서 그 안에 집을 짓는다. 그러나 우리 나라 사람들은 영미인과 전혀 다른 의식 구조를 가지고 있어 논밭 주위에는 철조망을 치지 않는다.

영미인들은 집을 소유 개념이라기 보다 주거 개념으로 생각하고 있다. 우리 나라 사람들은 집에 대한 소유 개념이 더 크기 때문에 꼭 집을 장만하여 자신의 이름이 든 등기부를 갖고 싶어한다. 또한 우리 나라에서는 부동산이 재테크의 한 수단이라고 생각하는 경향이 많다. 지난 10여 년 동안 우리 나라의 부동산 가격이 크게 상승하여 사회적인 문제가 되고 있다.

우리 나라에서는 월세보다는 전세를 원하고 있다. 그러나 최근 부동산 가격의 상승으로 임대인은 전세보다는 월세를 선호하는 현상이 생기게 되었다. 또한 최근 외국인들도 우리 나라의 서울에서 제일 고생하는 일이 집세가 너무 비싸다는 것이다. 서울이 세계 주요 도시 중에서 의·식·주

등의 생활비가 제일 비싸게 드는 도시로 꼽힐 정도로 경제적 성장이 된 것도 사실이다. 옛날에는 우리 나라에 주둔하는 미국 병사들이 그 가족들과 넉넉한 생활을 누리며 특권 계층이 되어 특권적인 생활을 하였지만, 요즈음은 높은 주택비와 기타 물가에 고통을 받고 있다고 원성이다.

6

영미인의 시간

❁ 시간이 돈이라는 생각은 산업화의 결과이다

영미 문화권 국가들은 이미 산업화를 일찍이 경험한 국가이다. 그들에게 산업화된 사회의 특징이란 시간은 곧 돈이라는 생각과 시간으로 모든 것을 계산하는 사회적 개념이 형성되었다는 것이다. 시간과 돈을 함축하는 속담에 "Time is money(시간이 돈이다)." "Time files(세월은 유수와 같다)." "Time and tide wait for no man(세월은 사람을 기다리지 않는다)."라고 하는 표현들이 있다. 그래서 다른 사람을 위해서 사용한 시간을 돈으로 환산하는 것이 영미인의 습성이다. 최근 우리 나라도 산업화 과정을 지나 이제 시간이 돈이라는 개념은 영미 문화와 유사하게 되었다. 2007년 6월 26일에 우리 나라도 최저 임금제가 도입되어 한 시간당 최저 임금은 3660원이라고 밝힌 바 있다. 우리 나라가 지나치게 서구화되었다고 단언해도 좋을 만큼 시간을 돈으로 환산하는 문화를 가지게 되었다.

전통적으로 우리 나라 문화는 "노세 노세 젊어서 노세, 늙어지면 못 노나니!" 혹은 "에이, 세월이 약이야!(Time heals all sorrows = Time is a great healer)"라며 긍정적인 시간 개념을 가지고 있던 때도 있었다. 과거

우리 나라는 몽고의 침략, 일제 강점기 등 핍박을 많이 받은 역사 때문에 항상 세월만 기다리고 수동적인 미래관에 의지하는 습성이 있었던 것도 사실이다. 영국에서도 "세월이 약이야!" 식의 표현이 있다. 그들도 우리 나라처럼 오랫동안 침략을 당한 역사를 가지고 있기 때문인 것 같다. 그러나 이제 우리 나라도 산업화되면서 영미 문화의 시간 개념처럼, 시간을 철저히 준수하고, 그에 더하여 "빨리 빨리" 문화도 생기게 되었다. 이제는 너무 조급하게 서두른다고 우리 나라에서 근무하는 외국인 근로자들이 우리 나라 사람들을 비판할 정도이다. 외국인들 눈에는 우리 나라 사람들이 이제 남들이 앞서 갈까 조바심을 내는 것처럼 보일 정도이다. 그래서 70~80년대에 모든 것이 부실하게 이루어졌다는 비난도 적지 않게 받았다. 예를 들어, 성수대교 붕괴, 삼풍백화점 붕괴 등 수 많은 부실의 결과가 나타나고 있다. 그러나 우리 나라 사람들의 이런 '빨리 빨리' 문화가 역동적인 생산성을 촉진하여 세계에서 제일 단시간 내에 경제를 선진국 대열로 올려놓았다는 높은 평가도 받고 있다.

물론 영미인들도 시간을 준수한다. 상담을 하기 위해서 약속을 하면 지정된 시간 5분 전에 서로 만나는 것을 기대한다. 만약 약속 시간보다 5분이 늦으면 그것은 무례한 행동이고 대화가 성립이 안 된다. 또한 지정된 시간과 약속된 시간을 금쪽같이 지키는 습관을 가지고 있다. 시간 엄수를 못하면 모든 일이 허사라고 생각한다.

❖ 시간에 관한 표현은 생활의 일부이다

영미 문화에서는 시간이 중요하다고 생각하여 일상 생활에도 우리나라의 언어를 포함한 어느 나라 언어 구조보다도 시간 표현이 잘 발달되어 있다. 그러나 대조적으로 언어학적으로 볼 때 인디언 언어는 시제가 발달되어 있지 않다고 한다.

예를 들면, 영어 문장 표현은 12시제로 되어 있다. 시제는 영어로 tense라고 하는데, 현재시제(present tense), 과거시제(past tense), 미래시제(future tense)로 되어 있고, 이 세 가지 시제에 영어에서는 완료시제(have+과거분사)처럼 행위나 상태의 완료를 나타내는 현재완료시제(present perfect tense), 과거완료시제(past perfect tense), 미래완료시제(future perfect tense)가 있다. 이런 시간 개념을 더욱 세분화하여 진행형(be+현재분사)과 이미 언급한 6가지 시제에 적용하여 능동태(active voice)와 수동태(passive voice) 문장으로 나누어 12개의 시간적인 구분에 따라서 행위나 동작이나 상태를 나타내는 복잡하고 논리적인 구조를 바탕으로 하여 일상 생활을 표현한다. 이런 영어 시제의 복잡한 구조를 활용하여 대화에서는 시제를 일치시켜야 의사소통이 자연스럽게 이루어진다. 예를 들어, I *believe* that he *is* innocent.라고 현재 사실을 나타내는

영어의 시제 변화 표현

시제의 구분	능동태	수동태
현재	He works.	This speech is delivered by Lincoln.
현재진행형	He is working.	The house is being built.
현재완료 (진행형)	He has worked (been working).	The house has been building.
과거	He worked.	The house was built.
과거진행형	He was working.	The house was being built.
과거완료 (진행)	He had worked (been working).	The house had been building.
미래	He will work.	The house will be built.
미래진행형	He will be working.	The house will be being built.
미래완료 (진행형)	He will have worked (been working).	The house will have been building.

진실을 말하면, 뒤에 따르는 문장도 그렇게 현재형으로 사용해야하고, I *believed* that he *was* innocent.라고 과거사실을 말하면 뒤에 따르는 문장도 과거로 일치시켜 문장을 사용해야 한다. 뿐만 아니라, 두 사람 사이의 대화에서도 시제의 일치는 중요하다. 예를 들어, A가 "*Did* you have a good time? (즐거운 시간을 보냈느냐?)"라고 과거 사실을 묻는다면, B는 "Yes, I *did*.(예, 그랬어요.)"라고 대답을 해야 한다.

7

영미인의 교육

❁ 미국의 교육은 실용주의를 최고의 가치로 여기고 있다

교육은 각 나라마다 그리고 문화에 따라서 다르게 나타나는 것이 특징이다. 영미인들은 모든 정규 교육(learning)을 실무(practical) 위주, 응용(applied) 위주, 즉 실용주의적(pragmatic) 교육을 한다. 영국과 미국에서는 고등학교까지 의무교육을 실시하고 있다. 그래서 고등학교까지는 모든 시민이 이런 실용적인 교육을 최고의 가치로 두고 있다. 예를 들어, 미국의 중학교에서는 운전 면허증을 취득 할 수 있게 학교 정규 교육에 편성시켜 지도한다. 그러나 대학 교육은 미국과 영국이 서로 다른 형태로 세계화 시대에 대응하고 있다. 미국 대학에서는 다수의 학생들에게 서로 경쟁을 시켜 그들의 창의적인 생산성을 드높이는 고등 교육 정책을 실시하고 있으며, 영국 대학에서는 교수 대 학생의 수를 최소로 하여 전통적인 도제식 교육을 실시하고 있다. 우리 나라는 일반적으로 미국의 교육을 도입하였으나, 국민의 교육적인 관심 때문에 많은 시행착오와 어려움을 겪고 있는 것도 현실이다.

또한 미국 비정규 교육(informal learning)은 어떠한가? 그들은 가

영미와 한국의 교육 비교

영역	미국 문화	한국 문화
정규 교육 (학교)	실무, 응용, 실용주의적 교육	전통적 이론, 외국어 교육 강화
비정규 교육 (가정)	준법, 정직, 성실 교육	효 교육, 신의교육
사회 교육	준법 정신	도덕교육
직장 교육	능력과 기능 위주 교육	위계질서, 업무능력
의무 교육	고등학교까지 (12~13년)	중학교까지 (9년)
대학 교육	SAT점수 + 내신 (특기, 추천서) → 사립대와 주립대 진학	내신 + 수능점수 + 논술 → 사립대와 국립대 진학
취학 전 교육	Day Care Center, Preschool	유치원 (Kindergarten)

정 교육을 통해서 준법정신, 정직 제일주의를 강조한다. 미국의 공교육은 실용 및 준비 정신을 강조한다면, 가정 교육은 정직성 교육을 생활화하는 경향이 있다. 예를 들어, 어린이가 초등학교에 들어가면 제일 먼저 훈련받는 것이 횡단 보도를 신호등에 맞추어 건너가는 연습이다. 가정에서는 아이들에게 어린 조지 워싱톤이 그의 아버지가 제일 사랑하는 사과나무를 베었을 때, 그의 아버지가 화가 나있었지만, 정직하게 말하는 어린 조지를 용서한다는 내용의 동화를 많이 읽히고 있다. 또한 에이브러햄 링컨이 뱃사공으로 일하고 있었을 때, 배삯을 1센트 더 받은 적이 있는데, 그것을 되돌려주기 위해서 8km가 넘는 먼 곳을 찾아가 되돌려주었다는 등의 이야기를 가정에서 아이들에게 들려주곤 한다.

영국 사람들은 "하늘에 무지개를 바라볼 때 나의 가슴은 뛰노라, 내 삶을 시작할 때도 그랬고, 어른이 된 지금에도 그러하구나. 아마 늙어서도 그러할 것이고, 그렇지 아니하면 죽겠다. 어린이는 어른의 아버지이니 바라건대 내 삶의 하루하루가 자연에 대한 경건한 마음으로 맺게 하소서"라고 윌리엄 워드워즈(William Wordsworth)●의 시에서 표현되어 있는 것처럼 "어린이는 어른의 아버지"라면서 어린이의 존재를 하나의 인격체로 여기면서 중요하게 생각한다. 그런 어린이 존중사상이 교육의 핵심이 된다.

미국의 교육은 모든 이에게 기회 균등을 강조하고 그것을 고등 교육 현장에도 실천하고자 한다. 즉 미국인들은 교육이 기회라고 생각하고 있다(Education means opportunity). 미국은 이미 언급했듯이 되도록이면 많은 사람들에게 대중 교육의 기회를 주며, 정규 교육을 마치면 재교육과 보수 교육으로 연계하고, 퇴임하면 평생 교육의 기회를 주고자 한다. 미국에서는 불법 체류자도 유학생이나 외교관의 자녀도 똑같이 교육의 기회를 줄 만큼 철저히 기회 균등의 교육 정책을 펴고 있다. 하지만 우리 나라는 어떠한가? 8십 만의 고교 졸업자 중에서 3십 만 정도에게만 대학의 문을 개방하고 있다. 우리 나라 국민이 자기 비용으로 대학 교육을 받고자 하는데 정부가 해결하지 못하는 나라는 지구상에서 몇 안 될 것이다. 우리 나라 대학에서 수용 못한 우리의 자녀들은 미국으로 연간 4만 명 이상이 유학을 간다. 이제는 약 10만 명의 조기 유학생까지 미국에서 학업을 계속하고 있다. 이제는 우리 나라의 대학을 조건 없이 대중 교육, 특성화 교육, 엘리트 교육 등을 위해서 개방해야 할 시점에 왔다.

● William Wordsworth (1770~1850)
My heart leaps up when I behold A rainbow in the sky; /
So was it when my life began; / So is it now I am a man; /
So be it when I shall grow old. Or let me die!/
The child is father of the man; / And I could wish my days to be
Bound each to each by natural piety.

미국의 학부모 및 교사회(Parents and Teachers Association)의 입김은 지방 교육의 자율화와 맞물려 강력한 발언권을 가지고 있고, 학교 교육에 대해 감시와 감사 기능을 가지고 있다. 학부모들은 자기 자식만을 위해서 발언하거나 부탁하지 않는다. 오히려 학교의 정상적인 운영을 위해서 노력하며 봉사하며, 제안하고 발언한다. 우리 나라는 어떠한가? 수많은 교육단체와 학부모 단체가 끊임없이 교육 현장에 대해서 불평하고 문제를 제기하는 것이 현실이다.

미국 교육의 목표는 원만한 민주 시민을 양성하는 데 있다. 영국 출신 사회학자인 수잔 쿠퍼(Susan Cooper)도 미국 교육을 진단하면서 미국 교육은 위대한 평균(The Great Average)을 양성하고 있다고 말하였다. 즉 그들은 위대한 평균을 만들고 평균적 민주 시민을 기르는 교육에 최선을 다한다. 다른 한편 영재 교육(GTC: Gifted Talented Creative)과 학습 지진아 및 장애자 교육에도 만전을 가하고 있다. 영재로 선택된 어린이에게는 수학, 과학, 컴퓨터, 영어, 외국어 등 최소 7명의 교사가 1주에 2일 영재 교육을 집중 지도한다. 모든 보통 어린이와 그 부모들은 그 영재를 격려해 주고 박수쳐 주어 미래의 미국 첨단 정보통신기술과 과학을 주도해 갈 수 있도록 힘을 실어준다.

미국의 교육 제도는 우리와 비슷하다. 이는 우리 나라가 미국식 교육 제도를 도입했기 때문이다. 그러나 약간의 차이점은 5세 kindergarten부터 1학년이 시작되고 first grade는 2학년이 되는 것이다. 미국의 유치원은 Preschool 혹은 Nursery School 혹은 Day Care Center라는 곳에서 이루어진다. 학기는 가을 학기가 입학 학기가 되고, 12년을 수학하면 대학교로 진학한다. 12년 간은 의무 무상 교육이며, 대학에 가기 위해서는 SAT (Scholastic Aptitude Test)를 치르고 그 성적과 학교 내신과 추천서와 자기 소개서를 지원 대학에 복수 지원할 수 있다. SAT는 수학과 영어로 되어 있는데 각각 1200점씩 2400점 만점으로 되어있다. 그들은 학습을 탐구하고, 실험하고, 분석하며, 종합하는 과정이라고 믿고 있다.

미국에서는 대학에 들어가면 대부분 집에서 거주하지 않고 대학의 기숙사나 동아리 자취방에서 독립된 생활을 스스로 체험해 본다. 물론 자신의 명의로 된 은행 통장을 개설하여 경제 생활을 독자적으로 운영하기도 한다. 시간제로 근무하는 일(Part time job)을 구하여 스스로 학비와 용돈을 해결한다. 부족하면 융자를 신청하여 취업이 되면 상환하는 결정권을 얻어서, 가급적이면 부모에 의존하지 않는다. 만약 부모가 도와준 자금이 있으면, 취업 후 꼭 갚으려는 생각을 갖고 있다. 그에 비해 우리 나라 문화는 부모에게 전액 등록금을 받는 것을 당연하게 생각하고 의존하는 것이 자연스럽다. 영미 문화권의 청년들은 결혼에 대한 결정도 자기 스스로 내리도록 교육받는다. 결혼 비용은 자신이 번 돈으로 준비를 하고 부모가 멀리 살고 있을 때는 비행기 비용까지 부모에게 보내서 결혼에 참석할 수 있게 배려할 정도이다. 모든 것을 부모에 의존하는 우리 나라의 생활양식과는 너무나 다르다고 할 수 있다.

❀ **우리 나라 교육은 이론적인 경향에서 실용적인 방향으로 변화해야 한다**

우리 나라 교육 현실은 어떠한가? 우리 나라는 유교와 성리학의 전통 때문에 공리 공론적 이론주의 교육 숭배 사상을 가지고 있다. 과거 20세기까지 우리 나라는 실용이나 응용을 하는 사람을 "장이"라고 멸시하는 풍조가 만연했다. 지금도 이론을 하는 사람은 한 수 위인 학자같고 응용을 하는 학자는 부족한 학자 대접을 받는 것이 우리 나라만 있는 특이한 현상이다. 우리 나라 공과대학의 교과 과정이 이론 중심이어서 문과대학이나 이과대학 자연계통과 다를 바가 없다. 그래서 2007년부터 공과대학에 대

교협(한국대학교육협의회)과 공학인증원이 주축이 되어 공학 교육 실용화를 위한 인증제를 실시하고 있다. 또한 우리 나라 대학교의 외국어대학 영어학과나 사범대학 영어교육학과의 교육 내용도 문과대학 영어영문학과와 다를 바가 없다는 것이 비판의 대상이다. 따라서 우리 나라 교육도 창의적 실용성을 중요시하는 정신을 바탕으로 더욱 강화할 필요성이 있다.

우리 나라에서 과거 70년대에 국민학교(현재 초등학교) 교육이 지향한 것은 전통적인 사고의 전수였다. 예를 들어, 옛날 70년대 국민학교 국어책을 보자. 첫 쪽에 "어머니, 어머니 우리 어머니," 둘째 쪽에 "아버지, 아버지 우리 아버지," 여기에서 우리는 극도로 부모에 대한 효심과 의존심을 기르고 있었다. 셋째 쪽에 "바둑아, 바둑아 나와 나하고 놀자" 여기에는 동물을 사랑하는 박애정신이 담겨 있었다. 21세기 지금은 이런 전통적인 가치나 관념을 중시하는 것도 중요하지만, 진취적인 창의적 기상을 길러주며 세계화 시대에 알맞은 교육 과정과 내용으로 교육하는 것이 바람직하다고 보고 있어, 우리 나라 교육인적자원부는 해방 후부터 교육 과정을 8번이나 개정하여 지금은 7차 교육과정이 운영 중에 있다.

각 국마다 초등교육의 강조점은 다르다. 예를 들어, 일본 교육은 충성심, 애국심을 강조하고 있다. 일본의 초등학교에 들어가면 그들의 국가를 반복하여 훈련받는다. 그래서 그들은 얼에 대한 개념을 가지고 있으며 국가에 대한 단결심이 있다.

21세기 우리 나라가 세계화와 정보화 시대에 1등 국민으로 성장할 수 있는 그 배경에는 교육의 힘이 있다. 우리 나라에서 가장 자랑스러운 현상은 모든 학부모가 자식 교육에 최선을 다하고 모든 결정에서 교육이 최우선이라는 것이다. 정부는 아이러니하게 이런 국민적 욕구와 정서에 반비례되는 교육 정책을 펴고 있다. 정부의 공교육 투자는 2만 불 국민 소득 수준에 훨씬 미치지 못하고 있다. 바람직하지 못한 점은 우리 나라 국민 대부분이 사교육비를 위해서 연간 10~20조 원을 쓰고 있다는 것이다. 미국에 유학하는 어린이도 4만 정도이고, 대학생까지 합치면 10만 정도로 추산한 미국 정부의 통계를 보면 한국 유학생이 1위라고 한다. 공교육 투자에는 소극적인 우리 나라에서 내 자식만큼은 일류로 만들겠다는 학부모의 교육열과 개인주의적 정서에서 비롯된 현상이라 할 수 있겠다. 영국인의 의식조사에 의하면, 외국인들은 한국인의 높은 교육열에 대해서 긍정적으로 평가하고 있다. 또한 우리 나라 학교에서 미국이나 영국보다 폭력과 마약과 관련된 범죄율이 현저하게 낮다는 사실을 외국인들이 높이 평가한다. 그러나 우리 나라에서도 왕따 등 사회적인 폭력이 차츰 일선 교육 현장에서 증가하는 것도 현실이다.

미국 어린이의 과외 활동은 악기를 연주하는 특별 학습이라든지 운동을 연습할 기회를 갖는데 주로 주력한다. 미국의 중·고등학생들은 맥도날드 식당에서 종업원으로 일을 한다든지 신문 배달을 한다든지 교회나 지역 사회에서 필요한 일을 돕는다. 우리 나라 어린이들은 방과 후 학력 향상을 위한 일환으로 영어, 산수, 피아노, 미술, 컴퓨터 등의 특별한 공부를 한다.

❖ 미국의 초등학교 교과서는 학습 지침서나 백과사전 같다

우리 나라에서 조기 영어 교육이 열풍처럼 불고 있으며, 그 파장은 다양하게 나타나고 있다. 그 중에 하나가 초등학교 시절에 미국 유학을 간 어린이가 약 4만 정도로 추산된다고 한다. 우리 나라에서도 충분히 영어 교육을 할 수 있는데 굳이 미국에 가서 영어 교육을 받을 필요는 없는 것 같다. 이런 미국 조기 유학 때문에 각 출판사마다 미국의 초등학교 교과서를 수입하여 보급하고 있다.

　　미국의 초등학교 교과서는 다양한 종류가 있고, 그 내용도 다양한 것이 사실이다. 미국 초등학교 교과서는 학습도감이나 백과사전이나 혹은 참고서처럼 종이 질이 좋고 대학 교재보다 외형적으로 그림과 사진과 편집 상태도 더 좋으며, 그 내용도 상세하여 양질의 것임에는 틀림없다.

　　세계적인 미국의 출판사가 직접 나서서 제작한 초등학교 교과서는 각 주의 지역 특성에 따라서, 혹은 각 지역의 학생들 수준에 따라서 다양한 교과 과정을 운영할 수 있는 권한과 지침이 현장 교사에게 주어져 있다. 그러나 그렇게 다양하고 두꺼운 초등학교 교과서를 다 배운다는 것이 어려운 것도 사실이다. 그래서 각 지역, 각 학교, 각 학생들의 능력과 수준에 따라서 수준별, 능력별, 단계별 학습이 이루어지고 있다.

　　현장 초등학교 학습 지도 과정에서는 공통적인 특징이 있는데, 첫째, 학생 스스로 문제 해결을 할 수 있게 하고, 둘째, 특히 언어(language arts) 교육에서는 자신의 의사 소통 능력을 배양할 수 있게 배려하며, 셋째, 언어 발표와 문학 작품을 통하여 창의적으로 생각하게 하는 교육을 강조한다는 것이다. 미국은 우리 나라처럼, 획일적인 교과서 내용으로 정해진 교육부의 교육 과정에 따라서 모든 교사가 같은 내용을 교육시키는 틀과는 사뭇 다른 것이 사실이다.

❁ 미국의 대학과 대학원 전형은 다양한 방법으로 선발을 한다

　　미국의 대학수학능력시험(SAT, Scholastic Aptitude Test)은 우리 나라의 대학수학능력시험과 같은 표준화된 시험으로, 미국 대학에 진학할 때 입학 사정에 반영된다. 이 시험 성적을 통해 각 대학은 각기 다른 고등학교에서 다른 시스템으로 공부하는 학생들을 같은 기준으로 평가하게 된

다. 원래는 언어(verbal) 영역과 수학 영역으로 나누어 시행하였으나, 2005년부터 시험 영역이 바뀌었다. 즉, 기존의 시험에 글쓰기 능력을 평가하는 에세이 시험이 추가되고, 비판적 독해와 고등수학인 대수학(algebra)이 포함되었다. 따라서 현행 시험은 독해, 수학, 작문 3개의 영역으로 나누어 치러진다. 영역별 내용은 다음과 같다. 독해는 과학, 역사, 인문학 수준을 평가하는 시험으로, 만점은 800점, 시험 시간은 70분이다. 읽기 능력, 문장 완성, 단락의 독해 능력 등을 평가한다.

수학 영역은 절대값, 함수, 기하학, 통계, 확률, 대수학 등을 평가하는 시험으로, 만점과 시험 시간은 독해와 같다. 마지막으로 작문 영역은 문법, 관용어, 용어 선택 등을 평가하는 오지선다형 문제인 파트 A와 에세이를 쓰는 파트 B로 이루어져 있다. 이 시험의 만점은 역시 800점이고, 시험 시간은 60분이다. 각 영역 모두 최하점은 200점이고, 틀린 문항에는 3분의 1 또는 4분의 1점의 감점제도가 적용된다. 1년에 모두 7회 정도 시행되며, 결과가 나오는 데는 6주 정도가 걸린다. 성적은 개별적으로 통보된다. 따라서 각 대학은 지원 학생의 SAT 성적, 내신 성적, 특기 적성, 추천서 등 다양한 요소를 고려하여 자율적으로 학생을 선발한다.

미국 대학과 대학원에 입학 지원자들은 예외 없이 TOEFL(Test of English as a Foreign Language) 점수가 지필 시험의 경우 적어도 550점, iBT는 230~250점은 되어야 하며, iBT(Internet-based Testing)는 인터넷을 통해 시험을 치른다는 의미의 약자로 기존 문법을 제외하고 말하기 테스트가 추가된 새로운 유형의 차세대 토플 시험이다. 주로 대학이나 대학원의 입학 기간은 보통 9월 1일 전에 하지만, 모든 시험은 1년 전에 치러야 한다.

미국 대학원 지원자는 대학원 입학시험(GRE, Graduate Record Examination)을 치러야 한다. 최근 몇 년 동안 대학원 입학이 허용된 학생들은 적어도 GRE의 양적, 분석적 부분에서 총 1,200점을 받아야 한다. 첫째, 요즘 우리 나라에서 인기 있는 미국의 경영대학원(MBA 과정)에 진학하기 위해서는 필수적으로 GMAT(Graduate Management Admissions Test)를 꼭 보고 그 점수(최저 600점)를 제출해야 한다. 둘째, 의학전문대학원에 입학하려면, 학부의 필수 선 이수과목, 의과대학입학시험(MCAT, Medical College Admissions) 성적 등이 필요하다. 셋째, 미국의 법학전문대학원(Law School) 제도는 1870년에 크리스토퍼 콜럼버스 랭들(Christopher Columbus Langdell)이 하버드 대학교 법과대학장을 지낼 때 처음으로 시도되었고, 1920~1930년대를 거치면서 미국 법학 교육의 지배적 제도로 자리 잡았다. 이런 법학전문대학원 제도의 취지는 법학이라는 '실학'을 배우기 전에 실용과는 직접적 관계가 없는 기초 학문과 다양한 전공 학문을 이수하는 것이 바람직하며, 그렇게 함으로써 사회의 변천과 더불어 발생하는 새로운 문제를 법적으로 처리할 능력을 갖춘 법률가를 양성할 수 있다는 생각에 근거를 두고 있다. 미국의 많은 주에서 미국 법조인협회(American Bar Association)가 정한 기준에 부합하는 법학전문대학원 졸업을 사법 시험의 수험 요건으로 하고 있다.

✿ 미국 국력을 뒷받침하는 막강한 힘은 토익과 토플 시험이다

우리 나라에서 토플 시험 전쟁이라고 할 만큼 폭발적인 응시가 2006년과 2007년에 일어났다. 토익(TOEIC, Test of English for International Communication) 시험도 마찬가지로 치열한 시험 전쟁을 치르고 있다. 지난 25년 간 우리 나라 사람이 토익 시험에 응시한 인원은 1380만 명인데, 2006년도 평균 점수는 602점이다. 이 두 시험을 주관하는 곳은 미국의 교육평가원(ETS, Educational Testing Service)이고 1947년에 설립되었

다. 이 기관은 미국의 뉴저지 주 프린스톤 시에 위치해 있으면서, TOEFL, TOEIC, GRE, SAT, GMAT, MCAT 등 200여 개의 표준화 시험을 개발하여 한해 2400만 명이 응시하고, 전세계의 인재 56만 명(2005년 통계)을 미국으로 유입시키는 미국의 막강한 영어시험 기관이다. ETS의 직원은 2700 명인데 박사급 연구원으로 구성되어 있다. 일년 예산만 9억 달러(900억원) 정도라고 한다. 미국에는 세계 각지에서 온 56만 명의 유학생이 있는데, 그들에게 부과되는 TOEFL, SAT, GRE의 시험 응시 소득은 130억 달러라고 한다. 그리고 미국 내에서도 2002년부터 '낙오학생방지법(No Child Left Behind Act)'을 실행하여 초등학교 3학년부터 각종 표준화 시험에 통과하여야 한다. 이 법이 발표되어 미국 학생들의 경쟁력을 높이고, ETS는 매년 23억의 시험에 따른 매출을 올리고 있다고 한다. 미국은 영어를 세계 시장에 전파하면서 막대한 부가가치를 창출하고 있다.

8

영미인의 방위 수단

❀ 자기 방어의 수단은 삶의 한 방법이다

문화에 따라서 자기 방위 및 방어 수단이 다르다. 서양 문화는 기독교 문화(Christian culture)를 바탕으로 하기 때문에 역경과 고난이 다가오면 교회에 가서 신에게 기도를 하여 해결을 받고자 한다. 이처럼 기독교 문화는 영미인들의 생활이요 삶 그 자체이다. 우리 나라도 영미인들처럼 약 2백만 정도의 기독교와 천주교 신자를 가지고 있어 영미인의 전통과 같은 신앙적 자기 방어적인 경향을 보이고 있다. 전통적으로 우리 나라 사람들은 토정비결, 점, 궁합, 미신에 의존하여 자신의 미래를 예견하고 액운으로부터 보호를 받고자 한다. 과거 우리 나라 사람들은 위기에 처하면 해결 방안으로 무당에 의존하기도 했다. 또한 전통적으로 우리 나라 사람들은 토속신앙과 산신령에 의존하기도 했다. 어느 문화든지 토속 신앙에 대한 의존은 흔히 나타나는 현상이고 삶의 한 방법이기도 하다.

❖ 종교의 자유는 삶에 최고의 가치이다

　우리 나라도 종교를 자유롭게 선택할 권리가 있듯이, 미국에도 종교를 선택할 자유가 미합중국법 수정헌법 제1조에 "미합중국 의회는 종교를 수립하거나 자유로운 행사를 금지하는… 법을 제정할 수 없다."라고 명시되어 있다. 미국인 중에 약 60%가 기독교인으로 알려져 있고, 그 중에서 약 7천 6백 80만이 개신교이고 약 5천만이 구교이고 나머지 유대교와 그리스 정교 등으로 되어 있다. 심지어 미시시피나 테네시 주에서는 기독교를 믿는 분위기 때문에 과학시간에 다윈(Darwin, 1868)의 진화론을 강의하는 것까지 반대하고 있다.

　어찌되었든 미국은 조상들이 역사적으로 종교의 자유를 찾아서 세운 나라임에는 분명하다. 1886년 10월 28일 프랑스 국민들은 미국 국민들에게, 뉴욕의 항구에서 미국 독립 100주년을 기념하기 위해서 자유의 여신상을 보냈다. 그 자유의 여신상을 제작한 사람은 프랑스의 조각가 프레드릭 오커스트 바르톨디(Frederic-Auguste Bartholdi)였다. 1865년 남북전쟁이 끝나고 노예제도가 폐지된 그 해에 프랑스 자유주의자들이 모여서 미국의 승리와 자유를 기뻐하는 자리에서 에두아르 드 라불레라는 프랑스 정치인은 건국 100주년을 맞이하는 1876년에 미국에 하나의 선물을 하자고 제안하였다. 그때 초대된 바르톨디는 라불레의 요청에 응해서 자유의 여신상을 조각하기로 하였다. 그 동상 아래에 미국의 여류시인 엠마 라자우스(Emma Lazaus, 1849~1887)"가 쓴 시가 적혀 있다. "나에게 보내주오. 헐벗고 지칠대로 지쳐, 오로지 자유를 찾아 몰려온, 그대의 백성들, 풍요로운 바닷가에 서성이는, 그대의 처참한 부스러기들, 겁조차 잃고 세찬 바람에 날려, 흐트러진 사람들을 나에게 보내준다면, 나는 불 밝히리라. 황금의 문 앞에!"

우리 나라는 기독교와 불교 등이 각각 2백만 정도의 교인을 확보하고 있다. 우리 나라는 천도교나 기타 종교도 믿고 있다. 우리 나라에서는 비교적 종교 간의 배척이나 갈등이 다른 나라에 비해서 덜 심한 편이다. 이런 갈등이 다른 지역보다 덜한 것은 우리 나라 문화가 다른 서양 문화보다 종교에 대하여 관용적이라는 의미도 내포되어 있다고 할 수 있겠다.

❁ 군사력은 국민을 지키는 수호자요, 국가의 힘이다

미국이 팍스 아메리카나를 실현할 수 있는 저력은 미국이 세계 최강을 자랑하는 경제 강국이라는 점과 첨단 과학기술 장비와 군사력을 가지고 있기 때문이다. 미국의 군대는 2백만 명 정도로 지원병 제도에 의해서 유지된다. 그들은 철저히 보수를 받고 있는 직업 군인으로서 군에 복무하는 용병 제도 아래에 있다. 그들은 자본주의의 막강한 경제력을 바탕으로 첨단 장비와 과학기술을 지닌 군을 운영하고 있다. 우리 나라에도 한국전쟁 이후에 4만 정도의 유엔군 소속의 미군이 주둔하고 있다.

미국은 록펠러(John Rockefeller, 1839~1937)가 사업에 성공한 후에 자선사업가가 되어 뉴욕에 땅과 건물을 제공하여 유엔을 창설했고, 유엔에 30% 이상의 경비를 지불하며 유엔의 평화유지군을 세계의 1200여 곳에 파병하고 있다. 또한 세계의 경찰로서 막대한 경비를 지출하고 있다. 한국전쟁에서도 수만 명의 장병들이 우리 나라의 자유와 평화를 위해 희생되었다. 이에 힘입어 우리 나라는 세계에서 가장 성공한 개발도상국에 오르고 수출 세계 12위에 연 국민소득 2만 불의 경제 성장을 이루게 됐다. 그것은 자본주의 시장경제 논리에 미국의 산업화를 모방한 우리의 피와 땀의 결실이다.

미국이 주도하는 세계 평화를 팩스 아메리카나라고 하는데 이런 논리는 미국의 막강한 군사력과 경제력을 바탕으로 실현되고 있다. 하지만 미국은 패전국 일본과 독일을 세계 최강의 경제 대국으로 발돋움할 수 있게 도와줬다는 것도 역사적인 아이러니이다.

우리 나라의 항공모함을 만드는 방위산업은 대단하다. 미국도 우리 나라의 항공모함, 이지스함을 보고 우리 나라의 뚝심 기술과 새로운 기술에 깜짝 놀랐다. 특히 레이더 탑재 기술이라든지 항공모함 설계기술은 세계에서 제일이다.

❀ **처방전과 의료 행위는 분리되어 있다**

미국에서는 의사의 처방전이 있어야 약국에서 약을 살 수 있다. 즉

의학 분업이 철저히 된 나라이다. 약국에서는 생활 필수품인 치약 칫솔 등을 살 수 있고 심지어 화장품도 살 수 있다. 식품 가게에서 감기약이나 영양제나 일반적인 약품을 마음대로 구입할 수 있다. 현재 우리 나라도 이런 의학 분업 체계를 도입하여 시행 중이다.

영국과 미국에서는 병원에 가기 위해서 꼭 예약(appointment)을 해야 한다. 사전에 예약 없이는 응급 환자를 제외하고는 병원에서 진료가 불가능하다. 그러나 미국 같은 선진국도 의료보험제가 방만(?)하게 운영되어 병원의 진료비가 우리 나라에 비해 너무 비싼 것이 단점이다. 최근 클린턴(Clinton) 대통령 시절에 힐러리가 의료 보험제를 개혁하여 보다 값싸고 수준 높은 의료 서비스를 시도한 바가 있었으나 일반 미국 시민은 아직도 불편함을 느끼고 있다. 그래도 미국은 세계 최고의 의료 기술과 과학적 장비를 갖추고 있어 세계에서 가장 경쟁력있는 의료 사업을 하고 있다고 평가되고 있다.

❖ 미신은 어느 문화에나 존재한다

우리 나라 사람들이나 영미인들이나 미신을 믿거나 혹은 금기 사항(taboo)에 민감한 경향을 보이는 공통적인 인간의 습성을 가지고 있다. 예를 들어, 우리 나라 사람들은 4자를 죽을 "사(死)" 자라고 싫어 하지만, 서양 사람들은 13자를 싫어한다. 우리 나라 사람들은 3자와 9자를 좋아하지만, 서양 사람들은 7자가 행운을 전해 준다고 좋아한다.

우리 나라 사람들은 똥꿈이나 돼지꿈을 꾸면 돈을 벌거나 행운을 가져다 준다고 좋아한다. 한편 미국 농부들은 보름 밤에 옥수수를 심으면 대풍을 가져다준다고 믿고 있다. 미국 사람들은 꿈 속에 검은 고양이를 보면 재수가 없다고 생각한다. 우리 나라 사람들은 꿈에 여자를 보면 사업에 운

영미와 한국 문화 비교

영역	영미 문화	한국 문화
미신	일부 점성가, 예언가 신뢰, 기독교 신앙	토속신앙, 점쟁이 신뢰
부정적 타부	13 숫자, 고양이 꿈 (악몽)	4자, 여자 꿈 (회피), 붉은 글씨
긍정적 타부	7자, 옥수수 꿈 선호	3자, 9자 선호, 똥, 돼지 꿈 선호, 까치소리 (소식)

이 없거나 재수가 없다고 생각한다. 이런 것들은 실생활과 전혀 관계가 없지만 대부분의 사람들이 어느 정도 이러한 미신에서 완전히 자유롭지 않은 것은 사실이다.

9

영미인의 놀이와 기념일과 민담

❖ 놀이 문화는 현대인의 삶이다

놀이는 현대인의 삶에서 빼놓아서는 안 되는 문화가 되었다. 인간의 삶이 풍요로워지고 삶의 질이 향상된 선진국일수록 놀이 문화가 더욱 발달되어 있다. 물론 놀이는 문화에 따라서 다르게 나타나고 있다. 미국 사람들은 운동경기 관람하기를 좋아한다. 그런 운동은 자동차경기, 미식축구, 농구, 배구 등으로 이러한 운동을 일년 내내 즐긴다. 특히 미식축구(football)는 우리 나라의 축구(soccer)와 다르게 거칠고 박력이 넘치는 힘의 대결을 위한 스포츠로 인기가 높다.

미국의 미식축구는 미국인의 개척정신을 담은 운동으로 생각하고 있다. 영국인은 종주국답게 축구를 매우 좋아한다. 우리 나라 박지성 선수는 영국이 자랑하는 명문 구단 맨체스터 유나이티드(Manchester United)에서 세계적인 축구 스타로 활약하고 있다. 영국의 명문 구단 선수들은 우리의 상상을 초월하는 액수의 연봉을 받고 선수 생활을 하고 있다. 이런 것은 선진국의 놀이 문화가 모든 대중의 일상이 되었기 때문에 가능한 현상이다.

영미와 한국의 놀이 문화 비교

놀이 영역	미국 문화	한국 문화
운동	미식축구, 야구, 농구, 남자 골프	축구, 야구, 농구, 배구, 여자 골프
여가선용	춤, 조깅 산책 선호	화투, 음주 선호
음악	컨트리 뮤직, 팝, 힙팝, 재즈	트로트, 뽕짝
게임	체스	장기, 바둑

　미국 사람들은 춤을 좋아하는 문화를 지니고 있다. 우리 나라 사람들이 노래를 좋아해 노래방 문화를 형성한 것과는 대조적이다. 미국 사람들은 컨트리 뮤직(country music)이나 재즈(jazz)를 사랑하는 반면에 우리 나라에서는 가요, 댄스, 발라드와 같은 유행가를 좋아한다. 그런 노래를 부르고 인기가 있어 대중적으로 알려진 가수들을 국민 가수라고 부른다. 아프리카 출신의 미국인들은 아프리카 음악을 섞은 재즈 음악을 좋아하기 시작하였는데 지금은 미국뿐만 아니라 세계적으로 유행하는 음악 장르가 되었다.

　전통적으로 우리 나라 사람들은 둘만 모이면 화투를 하고 셋만 모이면 노래를 하고 넷만 모이면 술을 마시기를 좋아한다는 말도 있다. 물론 우리 나라 사람들이 좋아하는 관람 경기는 일반적으로 씨름, 축구, 농구 등이 있으나, 지금은 민족 씨름보다는 현대식 축구, 농구, 야구, 골프 등을 선호하는 것으로 나타나있다. 최근 이런 경향은 주로 서양의 문화 양식과 개인주의적인 생활 양식이 도입되면서 차츰 달라지고 있다.

✿ 기념일은 영미 문화 생활의 일부분이다

　　영국과 미국에서도 우리 나라처럼 기념일이 생활의 일부분이고 삶의 한 방법이다. 미국 독립기념일, 승전일, 영국의 국왕탄생일 등을 국경일로 정하여 거국적으로 경축하고 기념하면서 국민의 힘을 모으는 역할을 한다. 영미 문화에서는 대체로 국가 수립에 관계되는 날, 국왕과 여왕의 탄신일 외에도 부활절, 크리스마스 등 그리스도교 관계의 축제일 등을 국경일의 범주에 넣어 기념하는 것이 관습이 되어 왔다. 우리 나라에서도 개천절, 제헌절, 광복절, 한글날, 석가탄신일을 국경일로 정하여 기념한다. 우리 나라의 기념일은 1973년 3월 30일 제정 및 공포된 각종 기념일 등에 관한 규정에 의거하여 제정되어 그에 부수되는 의식과 행사 등을 한다. 우리 나라에서는 각종 기념일의 의식과 행사는 이를 전국적인 범위로 행할 수 있고 주간이나 월간을 설정하여 부수적 행사를 할 수 있도록 규정하고 있다.

　　특히 미국에서는 1865년부터 현충일(Decoration Day)이라는 기념일을 제정하여 추모하고 있다. 이 기념 행사는 1865년 5월 30일 남북전쟁(1861~1865)에서 전사한 사람들의 추도식이 거행된 데서 연유하여 이후 연례 행사가 되었다. 그 후 제 1차와 2차 세계대전에서의 전사자도 함께 추도하게 되었다. 우리 나라에서도 6월 5일을 현충일로 정하여 엄숙하게 전몰 장병에 대하여 추모를 한다.

　　영미 문화에서는 개인적 행사나 종교적 기념일을 무척 중요시한다. 즉, 영국과 미국에서는 종교 및 개인 등을 기념하는 날이나 생일을 축하하는 풍습이 일반적인데, 그것도 기념 행사의 주요한 축이 되게 한다. 영미 문화에서도 우리와 같이 자신의 생일, 가족들의 생일이 중요할 뿐만 아니라, 부부에게는 결혼기념일이 주요한 행사가 된다. 19세기 중엽의 영국 문

헌에 의하면, 결혼 후 1년째는 지혼식(the paper wedding), 5년째가 목혼식(the wooden wedding), 15년째가 수정혼식(the crystal wedding), 25년째가 은혼식(the silver wedding), 50년째가 금혼식(the golden wedding), 60년째가 다이아몬드식(the diamond wedding)으로서 일생 동안 5회로 나누어 부부간의 결혼을 기념하였다. 특히 미국에서는 75년째가 다이아몬드 결혼기념일이라고 하여 성대히 기념을 한다.

　이러한 풍습은 점차 사치해져서 결혼 후 10년째를 강철혼식(the steel wedding), 20년째를 자혼식(the china wedding)으로 정했고, 동시에 15년째의 동이 수정으로 바뀌어서 모두 7회로 늘어나게 되었고, 그 후 다시 1년째에 지혼식(the paper wedding), 4년째에 아마혼식(the linen wedding), 30년째에 진주혼식(the pearl wedding), 40년째에 루비 식(the ruby wedding), 45년째에 명주 식(the sapphire wedding) 등을 더하여 모두 17회의 결혼기념행사를 갖게 되었다. 이 밖에도 미국 사람은 결

주년	영어 결혼기념일	우리말 결혼기념일	비고
1	The paper wedding	지혼식	결혼첫해 기념
2	The cotton wedding	목혼식	
3	The leather wedding	피혼식	
5	The wooden wedding	목혼식	결혼 5년째 기념
10	The tin wedding	석혼식	
15	The crystal wedding	수정혼식	결혼 15년째 기념
20	The china wedding	자혼식	
25	The silver wedding	은혼식	
30	The pearl wedding	진주혼식	
35	The coral wedding	산호혼식	
40	The ruby wedding	루비혼식	
45	The sapphire wedding	청옥혼식	
50	The golden wedding	금혼식	
55	The emerald wedding	에머랄드혼식	
60	The diamond wedding	다이어몬드혼식	

혼기념일에 파티를 여는데, 1~5년째까지는 매년하며, 그 이후는 5년마다 한번 씩 베푸는 풍습을 가지고 있다. 그러나 은혼식과 금혼식이 주가 되고, 그 밖의 경우는 하고 싶은 부부들만이 가정에서 기념하는 것이 생활문화가 되었다.

❀ 축구는 영미인들 뿐만 아니라, 세계인이 좋아하는 운동이다

　　축구의 기원은 영국에서 처음 시작되었으며, 영국뿐만 아니라, 미국 그리고 전 세계인이 좋아하는 운동이 되었다. 영국에서 조직화되고 발전한 축구는 영국에 유학한 사람들에 의해 그들의 고국에 보급되거나, 영국인 목사, 선교사, 군인, 상인들에 의해 세계 각국에 소개되고 보급되었다.

　　축구는 세계적인 관심 속에 1904년 국제관리기구 FIFA(Fédération Internationale de Football Association: 국제축구연맹)를 탄생시켰고, FIFA 가입국은 203개 국(1998)에 이른다. 범세계적 경기로 행해지고 있는 대회는 1900년부터 올림픽 경기대회에서 개최되는 축구경기와, 그 중간 해에 4년마다 아마추어나 프로 선수 모두 참가하여 열리는 월드컵 축구대회, 월드컵 여자축구대회, 세계청소년 축구대회 등이 있다. 축구는 세계에서 가장 인기있는 단체 경기로 관중의 호응도도 높은데, 1969년에는 엘살바도르와 온두라스 사이에 '축구전쟁(Soccer War)'이 발발하기도 하였으며, 특히 유럽에서는 이런 극성스러운 응원단을 훌리건이라고 하는데 종종 그들이 집단 난동을 일으키곤 한다. 그러나 미국에서는 럭비로부터 유래한 미식축구의 인기가 높아 오랫동안 부차적인 경기에 지나지 않다가, 1970년대 이후 급격히 발전하였다.

　　우리 나라는 1954년(제5회) 스위스 대회에 처음으로 참가했고 이후 1986년(제13회) 멕시코 대회, 1990년(제14회) 이탈리아 대회, 1994년(제15회) 미국 대회, 1998년(제16회) 프랑스 대회의 본선 경기에 진출하여 아시아에서는 처음으로 4회 연속 본선 진출에 성공했다. 우리 나라 팀은 1954년에 스위스 대회에서 유례없는 점수차로 패했지만, 대회를 거치면서 점차 실력이 향상되었다. 우리 나라는 2002년 제17회 대회를 일본과 공동으로 개최했다. 대회는 30일 동안 우리 나라와 일본 각 10개 도시에서

열렸었다.

현대 축구에서 활용되는 영어 용어들을 살펴보면 다음과 같다. 간접 프리킥은 indirect free kick, 경고는 yellow card, 골킥은 goal kick, 승부차기는 penalty kick, 연장전은 extended game, 전반전은 the first half of the game, 퇴장은 red card, 핸들링은 handling, 득점은 goal, 오프사이드 트랙은 off-side track으로 나타낸다.

❁ 현대 스포츠는 막강한 부를 창출하는 산업이다

현대인에게는 스포츠가 삶의 중요한 부분을 차지하고 있기 때문에, 그와 관계된 스포츠 구단은 열광적인 인기와 그에 따른 고부가가치를 올리고 있다. 미국 경제 전문지 포브스도 전 세계에서 가장 부가가치를 올리는 산업은 스포츠라고 강조하고, 2007년 3월에 스포츠 단체의 브랜드 가치를 조사하여 발표하였다.

미국 포브스 전문지에 의하면, 세계 10대 프로 스포츠 팀 중에서 영국이 1개, 미국이 8개를 보유하고 있으며, 스페인이 한 개를 보유하고 있는데, 그 부가가치는 천문학적인 금액이다. 이미 알려진 바와 같이, 영국의 축구 구단 맨체스터 유나이티드의 일년 수익 창출이 1조 3338억 원(약 14억 5300만 달러)이나 된다. 영국의 맨체스터 유나이티드는 세계에 5000만 명의 열렬한 지지자들이 있어, 세계 어느 구장에 가든 홈 경기장 같은 지지를 받고 있다. 우리 나라도 컴퓨터 사이트 다음 카페(DAUM Cafe)에 맨체스터 유나이티드에 5만 명의 지지자의 모임이 존재하고 있고, 4만 명 정도가 독립된 인터넷 사이트를 운영하고 있다. 우리 나라 MBC와 ESPN 방송사가 맨체스터 유나이티드 팀의 경기 중계권료로 지불한 돈은 100억 원이었다. 그 소속팀의 박지성 선수가 출전한 경기의 시청율은 5%(최고

세계 프로 스포츠 팀 가치

순위	스포츠 팀	소속	가치
1	맨체스터 유나이티드	영국 축구 프리미어 리그	1조 3338억 원 (14억 5300만 달러)
2	워싱턴 레드스킨스	미국 프로 풋볼	1조 3063억 원
3	뉴욕 양키스	미국 프로 야구	1조 1016억 원
4	뉴 잉글랜드 패트리어츠	미국 프로 풋볼	1조 0795억 원
5	댈러스 카우보이	미국 프로 풋볼	1조 0768억 원
6	휴스턴 텍사스	미국 프로 풋볼	9574억 원
7	레알 마드리드	스페인 축구 프리메라리가	9510억 원
8	필라델피아 이글스	미국 프로 풋볼	9400억 원
9	덴버 브롱코스	미국 프로 풋볼	8950억 원
10	클리브랜드 브라운	미국 프로 풋볼	8904억 원

인기 드라마가 1% 정도)로 알려져 있다. 최근 2007년 7월 18일 맨체스터 유나이티드 팀이 아시아 투어의 일환으로 우리 나라를 방문하여 서울 축구 구단과 친선 경기를 갖었다. 미국은 미식축구팀이 8개나 된다. 미국은 미식축구의 나라이다. 그런 미식축구가 미국 광고와 관람 산업을 비롯해 모든 유니폼 의류 산업에까지 광범위한 영향을 주고 있다.

❀ **골프는 영미인들이 열광하는 생활 스포츠이다**

골프의 기원은 영국 스코틀랜드 지방에서 양을 기르던 목동들이 끝이 구부러진 나뭇가지로 돌멩이를 날리는 민속놀이가 구기로 발전했다는 설과 기원전 네덜란드에서 어린이들이 실내에서 즐겨하던 콜프(kolf)라는

경기에서 비롯되었다는 설이 있다. 1764년에 스코틀랜드의 세인트앤드루스(Saint Anderws)에서 18개로 개조되었고, 이것이 모델이 되어 현재의 모든 코스 단위는 18홀로 고정되었다. 이때부터 골프의 기술적 수준이 스코어에 의해 기록에 남게 되었다.

　　미국 PGA(Professional Golf Association: 프로골프협회)는 미국의 남자프로골프협회를 일컫는 투어의 하나로서, 1938년에 그레이터 뉴올리언스 오픈(Greater New Orleans Open Invitational)에서부터 시작됐다. 여자프로골프협회는 PGA와 구분해 LPGA(Ladies Professional Golf Association)라고 한다. 1916년 1월에 뉴욕의 마티니크 호텔에서 창설되었는데, 2004년 현재 있는 3,400개 이상의 골프클럽이 가입해 있다.

　　1996년 PGA 신인상을 받은 타이거 우즈(Tiger Woods)는 그 뒤 여러 대회를 석권하였으며, 그의 등장은 프로골프사의 대사건으로 받아들여졌다. 2000년 8월 17일 미국 켄터키(Kentucky) 주 루이빌(Louisville)의 밸핼러 골프클럽에서 열린 제82회 PGA 챔피언십에서 우승함으로써 US 오픈과 영국 오픈선수권을 차례로 제패하여 최연소 그랜드슬램을 달성하였다. 그는 1953년 한 해 동안 벌어지는 4차례 메이저 대회 가운데 3개를 석권한 벤 호건에 이어 트리플 크라운(3관왕)을 석권한 두 번째 선수가 되었다. 우리 나라 남자 최경주 선수는 2007년 세계대회에서 2번 우승을 하였고, 2008년 1월 첫 세계 대회에서 우승하여 국위를 선양하고 있다.

1996년에는 46개 국이 출전한 제17회 세계 아마추어 골프팀 선수권 대회에서 대회 역사상 아시아 국가로는 처음으로 여자팀이 우승함으로써 세계 최강이 되었다. 1998년에는 미국에서 활동하고 있는 박세리가 미국 여자프로선수권과 미국여자오픈대회에서 우승했고, 그밖에 김미현, 박지은, 펄신, 송아리 등이 세계프로골프대회에서 우수한 성적을 거두어 세계적인 스타가 되었다.

10

영미인의 개발

✿ 환경 개발 제한은 아름다운 자연을 후손에게 물려줄 귀중한 조치이다

미국 사람들은 자신이 보유하고 있는 자원을 최대한 개발하지 않고 자신들의 후손에게 물려주려고 한다. 이런 현상은 자연 보호라는 명목으로 광범위하게 지지받고 있다. 그래서 그들은 모든 석유를 가능한 한 다른 석유 보유국에서 수입하여 사용한다. 석유 자원의 확보를 위해서 이라크 전쟁도 불사하는 나라가 바로 미국이다.

우리 나라는 사회 개발이나 지역 사회 개발이라는 미명하에 환경 파괴가 정도를 넘어선 상태이다. 또한 갯벌 보존 문제, 골프장 건설에 따른 임야 파손 문제, 아파트 주거 환경 개선을 위한 건축 문제로 현재 몸살을 앓고 있다. 행정 기관이 지역 경제를 발전시킨다는 명목으로 앞장서서 이런 불법을 주도하는 느낌을 주고 있다. 우리 나라도 자연 환경이나 자원을 지나치게 낭비하지 말고 보존하는 정책을 펼 때가 왔다고 본다.

❈ 옷 문화 창출은 고부가가치를 주는 산업이다

미국인들이 미국 문화를 세계에 보급하는 강력한 수단이 두 가지가 있는데, 그 하나는 청바지를 전 세계에 보급시켜 미국 정서에 알맞은 카우보이(cowboy)식 자본주의 냄새를 선전물로 제시한 점이고, 다른 하나는 코카콜라(Coca cola)의 광고를 대대적으로 하여 미국 자본주의 맛을 보게 하는 것이다. 이 두 가지에 매혹되지 않은 국가와 국민이 없을 정도로 전 세계에 큰 영향을 주고 있다. 그래서 미국은 이런 청바지와 코카콜라 등을 통하여 전 세계적으로 미국의 고부가가치 산업을 육성시켰다.

외국인들이 볼 때에 우리 나라에서 재미있게 생각하는 일이 첫째로 고유 의복인 한복을 생활하면서 즐겨 입지 않는다는 것이고, 둘째로 한국의 중등학교 학생들은 교복을 착용하는데 6월 1일은 하복, 10월 1일은 동복을 일제히 바꾸어 입는다는 것인데 이런 획일화된 전반적인 분위기에 놀라워한다. 우리 나라에서도 이제 패션과 의상 디자인 산업이 고부가가치를 창출하는 중요한 요소로 작용하고 있다. 그러나 아직 우리 나라는 세계적으로 큰 영향을 미칠 브랜드가 없어 이러한 문제도 우리가 해결해야 될 사항이다.

❈ 고층 빌딩, 아파트, 빌라 등 – 주거 문화 변화는 정보통신 산업의 발달을 촉진시키고 있다

미국은 고층 빌딩을 건축하여 도시화와 산업화를 시키는데 세계적으로 기여한 나라이다. 산업화 사회를 이루는 요건은 인구의 도시 집중이 우선적이며, 그 인구를 산업 현장에 투입시키도록 유도하는 것이다. 아파트와 빌라(villa)를 지어 인구가 한곳에 몰려 집중이 되면 서비스 산업도

발달하여 소비가 증대되고, 소비가 증대되면 생산의 필요성이 확대되어 공장이 가동되고 고용이 증대되어 산업 발전에 큰 성장이 있게 된다.

　　21세기 우리 나라가 IT 국가로 급성장할 수 있었던 원동력은 인터넷 정보통신망 보급률이 세계 1위라는 것인데, 그런 조건은 고층 빌딩, 아파트와 빌라 생활 거주지 문화가 잘 발달되었기 때문이다. 최근 우리 나라도 100층짜리 건물의 건축 신청이 서울 잠실 롯데, 서울 용산 뉴타운 지역, 인천 송도 국제단지, 부산 국제지구 등 많은 지역에서 추진되고 있다. 우리 나라의 기술진이 해외에서 100층 이상 건축물을 완공한 경험이 많이 있다. 예를 들어, 삼성의 두바이 건물, LG의 싱가폴 건물, 홍콩 등 대형 고층 건물들은 우리 나라 기술이 이룩한 쾌거이다.

❂ 컴퓨터 산업 매진―21세기 정보 고속도로 구축은 세계 일류 국가로 가는 지름길이다

　　미국은 첨단 정보 과학 분야 투자를 최우선 과제로 지목하고 있다. 첨단 정보 과학이 미래 산업 중에서 가장 부가가치가 높은 것으로 예측하고 있기 때문에, 정보 고속도로 구축에 힘을 쏟고 있다. 미국의 빌 게이츠(Bill Gates)•는 정보 통신 기술 혁신으로 세계에서 부가가치를 최고로 창출한 21세기의 세계적인 영웅이 되었다. 우리 나라도 21세기 정보 통신 시

● 빌 게이츠(William H. Gates, http://www.microsoft.com/presspass/exec/billg/default.mspx)
　생년월일 : 1955년 10월 28일
　정보통신특기 : 프로그래밍개발, 정보통신경영혁신
　가족사항 : 배우자-멜린다 게이츠(빌&멜린다 게이츠 재단 공동회장)
　학교 : 하버드 대학교 중퇴
　수상 : 2005년 타임(Time)지 선정 올해의 인물

대에 세계에서 일등 국가가 될 필요 충분 조건을 잘 갖추고 있다. 삼성, LG, 하이닉스 전자 등 굴지의 전자회사 제품들이 세계 시장에 컴퓨터, 휴대전화기, 액정 고화질 TV의 보급에 많은 부분을 선점하고 있는 것은 고무적인 일이다.

✿ 항공술은 미래의 첨단 기술 산업이다

일본이 대부분 분야에서 경쟁력을 확보하여 미국을 앞서가고 있지만 항공기술만큼은 미국의 저력을 인정하고 있다. 세계가 하나의 지구촌 시대가 되면서, 우주 개발과 지구의 교통을 해결하기 위한 항공기술은 미래의 가장 각광 받는 산업이 되었다. 미국은 나사(NASA)를 설립하여 세계 우주 사업의 메카로 도약하고 있다. 나사는 일년 예산이 16조 원으로 다른 나라 우주예산보다 많고, 미국의 항공 우주 및 국방산업을 세계 최강으로 끌어 올리고 국민을 결집하는 힘을 갖고 있다. 나사에 근무하는 정규 직원만 2만 3200명이나 되고, 그들의 힘과 노력이 미국을 세계 제일의 항공기술을 가진 국가로 성장하게 하고 있다. 그들이 평균 받는 연봉은 9만 8000달러로 알려져 있다. 그 중에서 아시아계 직원이 6%나 되는 것으로 알려져 있다. 특히 주목할만한 것은 그곳의 인공위성 개발 책임자는 재미동포 박영호 박사라는 것이다. 그는 나사의 제트추진연구소에서 태양계 무인탐

빌 게이츠의 경력 : 2003년 마이크로소프트사 사장 겸 회장
2002년 : 윈도우 XP 출시
1998년 : 윈도우 98 출시
1995년 : 윈도우95 출시
1975년 : 마이크로소프트사 설립
특성 : 세계 최고 갑부이면서 정보통신기술 분야의 선두 주자

사 프로젝트의 핵심 연구원으로 일하는 것으로 알려져 있다.

❂ 쇼핑은 국가 경제를 부흥시킨다?

국가 경제가 원활하게 돌아가기 위해서는 소비가 촉진되어야 하고 소비가 촉진되면 공장이 돌아가고, 공장이 돌아가면 고용이 창출되어 국가 경제가 살아난다. 그래서 선진국에서는 쇼핑을 촉진하고 소비를 미덕으로 여기고 있다. 물론 과소비나 돈을 상환할 능력이 없이 지나치게 카드를 사용하여 구매하는 쇼핑은 바람직하지 않다.

미국에서 쇼핑(shopping)은 무척 흥미롭게 이루어진다. 세일(sale) 기간에는 정말 좋은 제품을 싸게 판매한다. 우리 나라처럼 재고품 정리가 아니라 신상품 선전을 위해서 세일을 하고 새고품 처리는 덤핑(dumping) 처리 한다. 미국 사람들은 꼭 쿠폰(coupon)을 모아서 식료품 가게에 가서 물건을 구매할 때 물건값을 할인 받는다. 미국에서 가장 신기한 것은 추수감사절이나 크리스마스 때에는 칠면조와 같은 비싼 음식을 정찬으로 준비한다는 것이다. 그래서 가게에서는 이 기간에 칠면조를 요리하여 즐기려 하는 사람들을 위해서 평소에 30달러짜리 칠면조를 특별히 5달러에 판매한다. 우리와는 너무나 다른 현상이다. 우리 나라의 일부 악덕 기업인들이 그 기간에 모두 구매했다가 독점 판매를 하여 부당 이익을 취하는 경향과 대조적이다.

미국인들은 우리 나라, 특히 서울 물가를 살인적이라고 표현할 정도로 높다고 말한다. 우리 나라의 강남 음식과 술값은 도쿄의 긴자보다 비싸다고 외국인은 생각하는 반면, 우리 나라 사람들은 술값 팁에 몇 백만 원을 거리낌 없이 쓴다. 반면, 외국인들은 우리 나라의 공공요금 즉 교통비, 수도, 전기요금은 싸다고 생각한다. 그리고 외국인들은 우리 나라의 지하철, 버스 등 대중교통 수단은 잘 발달되어 있다고 칭찬을 한다.

✿ 가능성의 나라는 세계인이 꿈꾸는 곳이다

우리는 미국을 흔히 가능성을 키워주는 나라라고 생각하고 있다. 예를 들어, 첫째, 에이브러햄 링컨은 학교 교육을 받지 않고도 독학으로 변호사가 되었고 정직함을 실천하여 대통령이 되었다. 에디슨(Edison, http://en.wikipedia.org/wiki/Thomas_Edison)은 초등학교 2학년을 중퇴하였음에도 불구하고 전기를 이용한 축음기 등 수많은 발명품을 만들어 발명왕이 되었다. 그레험 벨(Graham Bell, http://web.edunet4u.net/~sungch85/Bell.htm)도 독학으로 1876년에 전화를 발명하여 인류에게 공헌하였다.

둘째, 헬런 켈러(Helen Keller, 1880~1968, http://my.dreamwiz.

에디슨(T. Edison, 1847~11931)

com/jsw0604/data/do/do3/3-2.helenkeler.htm)는 신체 장애를 극복하고 대학을 졸업한 후에 인류에 공헌한 저술가요 계몽가요 문학가가 되었다. 조지 워싱턴 카버(Gorge Washington Carver, http://teacher.scholastic.com/activities/bhistory/inventors/carver.htm) 또한, 언제 어디서 태어난 지도 모른 채 오직 흑인이라는 사실을 알았지만 그는 최초의 흑인 생물학 박사이자 교수로서 미국의 땅콩을 가장 훌륭한 식품으로 개발한 위대한 학자가 되었다.

셋째, 헨리 포드(Henry Ford, http://myhome.naver.com/eclipese/ceo/ford.htm)는 중학교 공부만 받았지만 꾸준히 노력하여 미국의 자동차 산업을 세계적인 산업으로 이끌이 준 자동차 왕이 되었다. 1902년에 그는 미국의 자동차를 산업화시켜 대량 생산 체제를 갖추었다.

이제 우리 나라도 동남아에서는 기회의 나라로 알려져 있다. 우리 나라가 해외의 중국 동포, 러시아의 고려인, 북한 동포에게는 자본주의의 꿈을 이루는 기회의 나라로 성장하게 되었다. 이런 현상은 우리 나라가 산업화 과정을 통하여 세계의 수출 선진국이 되었기 때문이고, 그 과정에서 과거 우리 나라 사람들의 피와 땀을 흘린 결과라고 할 수 있겠다. 우리 나라는 산업화 시대의 모든 국민들을 이제 무척 자랑스럽게 생각하고 있다.

❁ 관광 자원이 미래의 산업이다

미국은 광활한 대지를 가진 국토 때문에 무한한 관광 자원을 가지고 있다. 그 대표적인 것 중에서 몇 개를 소개하면 다음과 같다.

예를 들면, 나이아가라(Niagara, http://www.startour.pe.kr/local/america/america _inform_FALLs.htm) 호수는 50톤의 물을 60m 높이에서 부어내리는 절경이 1km 폭으로 펼쳐 있다. 관광객들은 신이 만든 기적이라고 놀라워한다. 그랜드 캐년(Grand Canyon, http://www.nps.gov/grca)은 20억 년이 되는 계곡인데, 너비는 6.5km~29km의 장폭과 깊이가 1km~6km나 된다. 이곳은 신비의 연속이자, 상상을 초월하는 경치를 자랑하고 있다.

샌프란시스코(San Francisco, http://www.sfvisitor.org)는 미항 중에 미항이고 상업, 관광, 교육, 산업의 도시이다. 주위에는 스탠포드(Stanford) 대학과 미국의 미래를 이끌어 가는 첨단 단지인 실리콘 벨리(Silicon Valley)가 있다.

뉴욕의 엠파이어 스테이트 빌딩(Empire State Building, http://www.esbnyc.com)은 1929년에 108층의 완벽한 건축물을 선보인 미국인의 자랑이다. 지금은 시카고의 시어즈 타워(Sears Tower, http://www.

thesearstower.com/index.html)가 160층으로 세계에서 제일 높은 건물이지만 옛날의 고층 빌딩의 원조는 뉴욕의 엠파이어 스테이트 빌딩이다.

❁ 우리 나라의 기술 혁신, 경영 혁신, 세계화 전략은 필수적이다

　그 동안 우리 나라는 미국이나 선진국을 모방하면서 달려오지는 않았는가? 산업화 과정에서 선진국의 것이면 무엇이나 모방해서 재창출하는 전략을 많이 사용해 왔다. 21세기 정보화 시대에 우리가 해야 할 일이 여기에 있다. 그것은 스스로 기술을 개발하고 경영을 혁신시키며 세계화를 추진하는 일이다. 정보통신부에서는 u-코리아(Ubiquitous Korea) 사업을 위해서 30조 원을 투자하여 세계에서 최고의 IT 국가로 성장하고자 하는 세계화 전략을 가시고 있다. 정부에서는 기술과학 한국을 위한 BK(Brain Korea) 사업을 비롯하여 많은 사업을 추진하여 좋은 성과를 거두고 있다.

이제 교육인적자원부도 4만의 조기 영어 교육 유학생을 비롯한 10만의 미국 유학생 문제를 해결하여 선진 한국 교육 시스템을 과감히 도입하고 투자할 시기가 되었다. 우리 나라 세계화 전략 중에 하나인 영어 마을 운영, 이중 언어 프로그램 운영, 제주 관광특구 지정 등 다양한 사업을 통하여 많은 우리 나라 국민들이 해외에 가지 않고서도 영어 교육의 혜택을 볼 수 있길 기대한다.

5

맺음말

지금까지 영미 문화에 관한 역사적 배경과 의사소통의 표현 양식에 관하여 살펴보았다. 영미 문화를 이해해야 하는 이유는 외국어로서의 영어 학습을 쉽고 재미있게 하기 위해서이다. 영어 교육, 특히 조기 영어 교육은 우리 나라가 21세기 세계화와 정보화시대에 살아남을 수 있는 가장 원천적인 도구이자 강력한 무기이다. 영어를 통하여 선진 문화를 탐구하여 우리에게 도움이 되는 요소를 받아들이는 것이 제일 큰 힘이 될 것이다. 그러기 위해서 우리 나라는 21세기 주역인 어린이들에게 영어 교육을 실시하여 세계화의 주역이 되게 해야 한다.

우리는 일 대 무한대의 경쟁에서 살아남는 사람만이 자신의 민족과 국가를 유지 할 수 있다는 것을 세계 역사를 통해서 보았다. 신은 한 국가나 민족에게만 세계제패의 영광을 주지 않는다. 2천년 전에는 그리스가, 그 다음에 로마제국이, 게르만 민족이, 대영제국이, 미국이, 그리고 그 다음은 누구이며 어느 국가인가? 로마제국은 멸망하고 그 민족은 남았지만 그들이 쓰는 라틴어는 죽은 언어가 되었다. 왜 그렇게 되었을까? 우리는 무수한 의문점을 갖게 된다. 역사는 유유히 흐르고 있다. 지금 우리가 해야 할 일은 선진 영미 문화의 바람직한 면을 배우고 우리의 우수한 점을 재인식하여 자랑스러운 한국인, 영광스런 조국을 건설하여 자라나는 신세대를 세계화의 주역이 될 수 있게 이끌어 주는 것이다.

이 책에서 영미 문화를 이해하기 위해서 세계화란 무엇인가를 고찰하고, 영미인이 어떻게 세계를 제패할 수 있었나를 살펴보았다. 이 과정에서 우리 나라의 어린 세대들이 앞으로 갖추어야 할 선진 사회의 세계화 모형을 생각해 보았다. 영국과 영국인은 누구인지, 영국이 자랑하는 명소는 어느 곳인지, 영국 문화와 사회는 어떻게 형성되었는지를 살펴보았다. 미국의 세계제패를 알아보기 위해서, 미국과 미국인, 미국인의 꿈, 가능성의 나라의 측면에서 살펴보았다. 마지막으로 세계화를 위한 영미 문화를 이해하기 위해서, 영미인의 의사소통 방법을 언어 생활 측면에서 혹은 생활 영어의 측면에서, 인사, 소개, 대화의 시작과 끝, 축하와 칭찬과 감사, 전화 예절, 물건사기, 거절과 주의 경고판이 많은 언어 생활, 초대와 방문, 약속, 사과, 특권적 표현과 경멸적인 표현, 영어 속의 외래어, 우리 나라에서의 영문 표기 등을 살펴보았다. 영미 문화권의 비언어 생활에서, 표정과 행동을 살펴보았다. 영미인의 집단 형성의 특징에서, 미국의 집단 문화와 우리 나라 사람들의 끼리끼리 문화로 나누어 관찰하였다. 영미인의 음식 특징적인 면에서, 서양 음식, 식사 시 주의점, 파트럭 파티, 한국 음식과의 비교, 한국에서 커피 대접 양상을 살펴보았다. 영미인의 직업적인 특징을 살펴보았고, 영미인의 영토 소유의 성격과 집의 구조적인 면을 살펴보았다. 영미인의 시간 의식을 살펴보았으며, 영미인의 교육과 미국의 교육을 우리 나라의 교육과 비교해보았다. 영미인의 방위 수단을 자기 방어 수단, 종교의 자유, 군사력, 처방전, 미신, 영미인의 놀이와 기념일과 민담 측면에서 살펴보았다. 영미인의 개발 측면에서는, 환경 개발 제한, 주거문화, 컴퓨터 산업 매진, 항공술, 쇼핑과 물가, 관광 개발 면에서 고찰해 보았다. 어느 면에서는 세계화란 영미 문화의 논리와 잣대와 습관을 세계에 강요하는 것이 아니라, 우리 나라 어린이 영어 교육 실정에 알맞은 모형을 구축하는 것이 필요하다는 것을 절감하게 되었다. 즉 영미 문화의 우수한 점은 우리 것으로 만들고 저속한 것은 버리는 국민 운동도 영미 문화 이해와 동시에 필요하다고 본다.

끝으로 이 책의 귀중한 자료를 통하여 학부모, 선생님, 어린이 영어 전문가, 어린이들이 영어를 가르치거나 배우는 데 큰 도움이 되길 기원한다. 또한 영미 문화의 이해가 곧 영어 학습의 지름길이라는 것도 꼭 알아주시길 바란다.

부록 1

의사소통에 필요한 언어 형식
교육인적자원부 (고시 제2007-79호) 추천

> 아래의 언어 형식은 교육인적자원부가 어린이 영어 의사소통 활동을 위해 [부록 2]의 의사소통 예시문과 함께 문자 영어 지도 및 음성 영어 지도 활동에 모두 활용하면 바람직하다고 추천하고 있다.

① He takes a walk every day. 그는 매일 산보한다.
We went on a picnic yesterday. 우리는 어제 소풍을 갔다.
She is going (to go) abroad next year. 그녀는 다음해 해외에 갈려고 한다.
The next test will probably be a little more difficult.
다음 시험은 아마 약간 더 어려울 것이다.

② He is sleeping right now. 그는 막 자려고 한다.
I was studying when they came. 그들이 왔을 때 나는 공부하고 있었다.
She will be coming soon. 그녀는 곧 올 것이다.

③ They have moved to a new house. 그들은 새집에 이사를 하였다.
He had already left when we arrived. 우리가 도착했을 때 그는 이미 떠났다.
I will have finished my homework by the time you get here.
네가 이곳에 올 때까지 나는 숙제를 마칠 것이다.

④ I am not tired. 나는 피곤하지 않다.
It isn't very cold. 매우 춥지 않다.
I don't work on Sundays. 나는 일요일에 일을 하지 않는다.
You can't turn right here. 너는 여기서 우회전할 수 없다.

We didn't enjoy the holiday very much.
우리는 휴일을 많이 즐기지는 못했다.
Mary hasn't told him what to do.
메리는 할 수 있는 것을 그에게 말하지 아니했다.
Tom will not be at the meeting tomorrow.
톰은 내일 모임에 있지 않을 것이다.

⑤ Are you ready? 준비되었느냐?
Is it raining? 비가 오느냐?
Do you like oranges? 오렌지를 좋아하느냐?
Don't you like apples? 사과를 좋아하지 않습니까?
Can you write a letter in English? 너는 영어로 편지를 쓸 수 있느냐?
Have you finished your homework yet? 너는 아직 숙제를 끝내지 아니했느냐?
When will you come? 언제 올 것이냐?
Where can we get the bus? 어디에 버스를 탈 수 있는가?
Why did he leave early? 그는 왜 일찍 떠났느냐?
How did you come to school? 학교에 어떻게(무엇을 타고) 왔느냐?
Who can answer that question? 누가 그 질문에 대답 할 수 있느냐?
Whose dolls are these? 이것들은 누구의 인형들이냐?
Which class are you in? 어느 학급에 속해 있느냐?
Which ice cream would you like, chocolate or vanilla?
초코렛 혹은 바닐라 중에서 어느 아이스크림을 좋아하느냐?

⑥ May I borrow your book? 너의 책을 빌릴 수 있느냐?
He may be sick. 그는 아플지도 모르겠다.
There might be some complaints. 약간의 불평이 있을 것이다.
She must have been sick. 그녀는 병들었음에 틀림없다.
I should study tonight. 나는 오늘밤 공부를 해야 한다.
They must do well on the test. 그들은 그 시험을 잘 쳐야 한다.
I have to go to the library. 나는 도서관에 가야 한다.

You don't have to go to school tomorrow. 너는 내일 학교에 갈 필요가 없다.
Will you please help me with my English? 나의 영어공부를 도와줄 수 있느냐?
He would take a walk every morning. 그는 매일 아침 산보하곤 한다.
She can play the violin. 그녀는 바이올린을 켤 수 있다.
It can't be true. 사실일 수 없다.
Could you show me the way to the nearest post office?
    가까운 우체국에 가는 길을 안내해줄 수 있습니까?
I will be able to help you get to the party tonight.
    나는 오늘밤 네가 파티에 참석할 수 있도록 도와줄 수 있을 것이다.
Would you please pass me the salt? 소금을 건네주시겠습니까?
Shall we go on a picnic this weekend? 이번 주 소풍을 가시겠습니까?
You had better not say anything about this.
    이것에 대하여 아무 말도 안하시는 것이 좋겠다.
They'll fight to the end rather than give up.
    그들은 차라리 포기하기보다는 끝까지 투쟁할 것이다.
You needn't worry about the test. 너는 그 시험을 걱정할 필요가 없다.
You should do as he says. 너는 그가 말 한대로 해야 한다.
He suggested that they (should) play baseball.
    그는 그들이 야구를 해야 한다고 암시했다.

7 To see is to believe. 백문이 불여일견이다.
He wanted to go home. 그는 집에 가기를 원했다.
I hope to see you again soon. 나는 곧 다시 너를 보기를 원한다.
I have a book to read. 나는 읽을 책을 가지고 있다.
He came to see me. 그는 나를 보러 왔다.
You may go if you want to. 네가 원하면 가도 좋다.
He told me not to do it. 그는 그것을 하지 말라고 내게 말했다.
The problem is where to get money (from). 문제는 어디에서 돈을 구하느냐다.
He seemed to have been ill (for some time).
    그는 오랫동안 병 중이였던 것 같았다.

I heard the children sing. 나는 어린이들이 노래 부르는 것을 들었다.
I expect John to pass the exam. 나는 존이 그 시험에 통과하길 기대한다.
I asked her to help me. 나를 돕도록 그녀에게 부탁했다.
It was easy to find his house. 그의 집을 찾는 것은 쉽다.
To be frank (with you), I don't like him.
  솔직히 말해서 나는 그를 좋아하지 않는다.
The book is simple enough to understand. 그 책은 이해하기 쉽다.
It moves too quickly for us to see (it).
  우리가 그것을 보기에 너무 빨리 움직인다.

8 I made him carry the box. 나는 그 상자를 그가 운반하게 했다.
They had me repeat the message. 그들은 그 전갈을 반복해서 들려주었다.
You shouldn't let him go there again.
  너는 그가 그곳에 다시 가지 않게 해야 했다.
Bill had the car cleaned. 빌은 차를 닦았다.
I had my picture taken. 나는 사진을 찍었다.

9 Playing baseball is fun. 야구하는 것은 재미있다.
We enjoy swimming in the pool. 우리는 수영장에서 수영을 즐긴다.
I'm interested in watching horror movies.
  나는 무서운 영화를 보는데 흥미 있다.
I saw him lying on the beach. 나는 해변에서 그가 누워있는 것을 보았다.
They felt that Mary's coming in late was bad.
  그들은 메리가 늦게 도착하는 것이 나쁘다는 것을 감지하였다.
Did you go fishing last weekend? 지난 주말 낚시를 갔느냐?
I don't feel like sleeping now. 나는 지금 잠을 자고 싶지 않다.
I cannot help doing things like that. 나는 그와 같은 것을 하지 않을 수 없다.
It's no use trying to persuade me. 나를 설득하는 것은 소용없다.

10 The novel was written by Mark Twain. 그 소설은 마크 트웨인이 썼다.

The building was built in 1880. 그 건물은 1880년에 완공되었다.
A prize was given to Jane. 그 상은 제인에게 수상되었다.
Susan will be invited to the party this evening.
　　　수잔은 오늘밤 파티에 초대될 것이다.
I was made to clean the room. 나는 그 방을 청소하였다.
Let it be done at once. 즉시 시행하라.

⓫ I have two pens. 나는 두 개의 펜을 가지고 있다.
She bought some furniture. 그녀는 가구를 샀다.
I don't have any money. 나는 돈을 가지고 있지 않다.
My mother bought many / lots of / a lot of apples.
　　　나의 어머니는 많은 사과를 샀다.
We didn't buy much food. 우리는 많은 음식을 사지 않았다.
I'd like to ask you a few questions. 나는 몇 개의 질문을 하기 좋아한다.
I need a little more time to think (about it).
　　　나는 좀더 생각할 시간이 필요하다.
Every / Each student is listening to music. 매 학생은 음악을 듣고 있다.
The news is interesting. 그 소식은 흥미 있다.
The Chinese drink tea. 그 중국인은 차를 마시고 있다.
Most of the students in the class study hard.
　　　교실의 대부분 학생들은 열심히 공부한다.
Mathematics is my favorite subject. 수학은 내가 좋아하는 과목이다.

⓬ I don't like the black coat, but I like the brown one.
　　　나는 검정 코트를 좋아하지 않고 나는 갈색을 좋아한다.
I have three books. 나는 3권의 책을 가지고 있다.
One is mine. 하나는 나의 것이다.
The others are yours. 다른 것들은 너의 것이다.
The biscuit was delicious. 그 비스켓은 맛이 있다.
I'm going to have another one. 나는 다른 하나를 먹을려고 한다.

These cups are dirty. 그 컵들은 더럽다.
Could I have some clean ones? 깨끗한 것을 가질 수 있을 까요?
We write to each other every week. 우리는 매주 주에 서로 편지를 쓴다.

13 There is a book on the desk. 책상 위에 책이 있다.
There are so many children in the park. 공원에 많은 아이들이 있다.

14 It's cold outside. 밖이 춥다.
It's Wednesday. 수요일이다.
It's half past four. 4시 반이다.
It's ten miles from here to my school. 여기서 나의 학교까지 10마일이다.

15 You are a better singer than I am. 너는 나보다 훌륭한 가수이다.
They've got more money than they need.
　　　그들이 필요한 것보다 많은 돈을 벌었다.
A car is much more expensive than a motor-bike.
　　　그 차는 오토바이보다 더 비싸다.
I prefer tea to coffee. 커피보다 차를 좋아한다.
The more she thought about it, the less she liked it.
　　　그녀가 그것을 더 생각하면 할수록, 그녀는 그것을 덜 좋아했다.

16 Excuse me, where is the nearest bank? 실례지만 가까운 은행이 어디지요?
Money is important, but it is not the most important thing in life.
　　　돈이 중요하지만 인생에서 가장 중요한 것은 아니다.
What is the longest river in the world? 세상에서 가장 긴 강이 무엇이냐?

17 I don't know as many people as you (do).
　　　나는 너 만큼 많은 사람들을 알지 못한다.
I arrived at the same time as Tom (did).
　　　나는 톰이 도착한 시간에 똑같이 도착했다.

She's old, but she's not as old as he (is).
그녀는 늙었지만, 그처럼 늙지는 아니했다.

⑱ What size is this shirt? 이 옷의 크기는 무엇이냐?
What kind of job do you want? 너는 어떤 종류의 직업을 원하느냐?
Which color do you prefer? 어느 색깔을 좋아하느냐?
What time is it? 몇 시 입니까?
How old is she? 몇 살입니까?
How big is the house? 그 집은 얼마나 크냐?
How heavy is your computer? 너의 컴퓨터는 얼마나 무거우냐?
How much does it cost? 얼마이냐?
How far did you drive today? 오늘 얼마나 운전을 하였느냐?

⑲ Is there enough hot water for me to take a bath?
내가 목욕하기 충분한 뜨거운 물이 있느냐?
Have you got enough food in the house to last the next few days?
다음 며칠을 지낼 충분한 음식이 집안에 있느냐?
There is hardly enough cake. 충분한 과자가 있지 않다.

⑳ Leave early so that you won't miss the bus.
버스를 놓치지 않게 일찍 출발해라.
We moved to London so that we could visit our friends more often.
우리는 자주 우리 친구를 방문하기 위해서 런던에 이사했다.
I hurried so that I wouldn't be late. 나는 늦지 않게 서둘렀다.
It not only rained yesterday, but it also snowed.
어제는 비가 왔을 뿐만 아니라 눈도 왔다.
You can have either tea or coffee. 너는 차와 커피 중에서 마실 수 있다.
David both loves Joan and wants to marry her.
데이빗은 존도 사랑하고 그녀와 결혼하기를 원한다.
The film was neither well made nor well acted.

그 필름은 잘 만들어지지도 안했고 잘 연기되지도 아니했다.
He came not to complain, but to help us.
그는 불평하러 온 것이 아니라 우리를 도우러 왔다.
He went to bed because he was sleepy. 그는 졸려서 잠자러 갔다.
When we arrived, she was talking on the phone.
우리가 도착했을 때, 전화를 걸고 있었다.
Since he left this morning, I haven't seen him.
그는 오늘 아침 떠났기 때문에 나는 그를 볼 수 없었다.
We stayed home, since the weather was cold.
우리는 날씨가 추워서 집에 머물렀다.
The weather was so nice that we went to the zoo.
날씨가 너무 좋아서 동물원에 갔다.
We're going to play baseball tomorrow unless it rains.
우리는 비가 안 오면 내일 야구를 할려고 한다.
Although / Though it was cold, I went swimming.
춥지만 나는 수영을 했다.

㉑ John plays the guitar, and his sister plays the piano.
존은 기타를 치고, 그의 여동생은 피아노를 친다.
They are my neighbors, but I don't know them well.
그들은 나의 이웃이지만 나는 그들을 잘 모른다.
I may stop by and see you tomorrow or (I) may just phone (you) late in the day.
나는 내일 너를 보러 잠시 들릴지도 모른다. 혹은 늦게 전화라도 할지 모른다.

㉒ Ted didn't study at all. 테드는 공부를 전혀 하지 아니했다.
Therefore, he failed the test again. 그러므로 그는 다시 시험에 실패했다.
I gave the book to Tom. 나는 톰에게 책을 주었다.
However, he didn't like it. 하지만 그는 그것을 좋아하지 아니했다.
I like spending my holidays in the mountains.

나는 산속에서 휴일을 보내기를 좋아한다.
On the other hand, my sister prefers the seaside.
다른 한편 나의 여동생은 해변을 좋아한다.

㉓ The girl **who** is playing the piano is called Ann.
피아노 치는 그녀를 앤이라고 부른다.
Mrs. Lee, **who** teaches English, has two children.
영어를 가르치는 이 선생님은 두 자녀가 있다.
The pen **which** is on the desk is mine. 책상 위에 있는 펜은 나의 것이다.
This is the book **that** I bought yesterday. 이것은 내가 어제 산책이다.
I met the girl **whose father** is a musician.
나는 그의 아버지가 음악가인 소녀를 만났다.
She is the girl **whom** I told you **about**. 그녀는 내가 너에게 말한 그 소녀이다.
The town in **which** I was born is very small. 내가 태어난 마을은 매우 작다.
The house **where** she lives is very nice indeed.
그녀가 살고 있는 집은 정말 매우 좋다.

㉔ **What she said** was interesting. 그녀가 말한 것은 재미있다.
I don't know **where he lives**. 나는 그가 사는 곳을 모른다.
Please tell me **what happened**. 무슨 일이 일어났는지 말해주세요.
I wonder **whose bicycle that is**. 그것이 누구의 자전거인지 궁금하다.
I don't know **whether he will come (or not)**. 그가 올지 나는 모른다.
Tell me **how to make pizza**. 피자 만드는 방법을 알려주세요.
I think **that he is a good singer**. 그가 훌륭한 가수라고 생각한다.

㉕ She said, "**I will help you**." 그녀는 "내가 너를 돕겠다"고 말했다.
She said **that she would help me**. 그녀가 나를 도울 것이라고 말했다.
He said to me, "**I have been tired a lot lately**."
그는 "내가 요즘 너무 피곤하다"고 내게 말했다.
He **told me that he had been** tired a lot lately.

그는 요즘 너무 피곤하다고 내게 말했다.
He said to me, "Please come at once." 그는 "즉시 내게 오라"고 말했다.
He asked me to come at once. 그는 즉시 올 것을 내게 말했다.
He said, "Do you need a pen?" 그는 "너 펜이 필요하냐"고 물었다.
He asked if I needed a pen. 내가 펜이 필요한지 물었다.
Mary asked "Where do you live?" 메리는 "어디에서 사느냐"고 물었다.
Mary asked where I lived. 메리는 어디에서 사는지 물었다.

㉖ Walking along the street, I met an old friend.
거리를 따라 걸으면서 나는 옛 친구를 만났다.
Their father having left the room, the children began to watch TV.
그들의 아버지가 방을 떠나자마자, 그 아이들은 TV를 보기 시작하였다.
Being tired, he went to bed. 피곤하여 그는 잠자러갔다.
Having seen that movie before, I didn't want to see it again.
전에 그 영화를 보았기 때문에 나는 그것을 다시 보고 싶지 아니했다.
Frankly speaking, I failed the test.
솔직히 말해서, 나는 그 시험에 실패했다.

㉗ If I have enough time, I read a book every week.
내가 시간만 있으면 매주 책을 읽는다.
If the weather is fine tomorrow, we will go on a picnic.
내일 날씨가 화창하다면, 우리는 소풍갈 것이다.
If I were a bird, I could fly home. 내가 새라면 집에 날라 갈 수 있을 텐데.
If you had studied harder, you would have passed the exam.
열심히 공부를 하였다면, 너는 그 시험에 통과하였을 텐데.
Had I had enough money, I would have bought a computer.
내가 충분한 돈이 있었다면, 나는 컴퓨터를 살 수 있었을 텐데.
It's time you were in bed. 잠자고 있었을 시간이다.
I wish I spoke English well. 나는 영어를 잘 말할 수 있기를 기대한다.
He acts as if he knew you. 그는 너를 알고 있는 것처럼 행동을 한다.

I'd rather we had dinner now. 우리는 지금 점심을 먹었으면 차라리 좋겠다.
Without / But for your advice, I would have failed.
　　　너의 충고가 없었다면, 나는 실패하였을 것이다.

㉘　Down came the rain. 비가 내렸다.
　　Here comes the bus. 버스가 온다.
　　Not a word did he say. 그는 한마디도 하지 아니했다.
　　She was angry and so was I. 그녀는 화가 났었고, 나도 역시 화가 났다.
　　I enjoyed the play and so did my friends.
　　　나는 놀이를 즐겼고, 나의 친구도 역시 즐겼다.
　　John didn't see the accident and neither did Mary.
　　　존은 그 사고를 보지 못했고, 메리도 보지 못했다.

㉙　Won't you try again ? –Yes, I will try again.
　　　너는 다시 해보겠어요? 예 다시 해볼게요.
　　You must speak to the teacher. –I have spoken to him.
　　　너는 선생님에게 말씀드려야 한다. 나는 그에게 말했다.
　　I do hope you will succeed. 너는 성공을 할 것이라고 나는 기대하고 있다.
　　It was John who / that told me the truth.
　　　진실을 내게 말한 자는 바로 존이다.
　　It was by train that we traveled to London.
　　　우리가 런던에 여행을 한 것은 바로 기차이다.

㉚　My brother was wearing a raincoat, and (he) didn't get wet.
　　　남동생은 비옷을 입었고, 그는 젖었다.
　　One student has written a poem, and the other (has written) a short
　　story. 한 학생이 시를 쓰고, 다른 학생은 단편을 썼다.
　　John understands the problem better than Mary (does).
　　　존은 메리보다 문제를 더 잘 이해한다.
　　I believe (that) you are mistaken. 네가 실수할 것이라고 믿는다.

Though (he had been) defeated, he remained a popular leader.
　　　패배를 했을지라도, 그는 대중적인 지도자로 기억된다.
You can borrow my pen, if you want to (do so).
　　　너는 네가 원하면 나의 펜을 빌릴 수 있다.

㉛ Mr. Long, a neighbor of yours, will be visiting us this evening.
　　　너의 이웃인 롱 선생님은 오늘밤 우리를 방문할 것이다.
The goal you wrote about in your letter, to become an astronaut, requires a great amount of time and energy.
　　　우주인이 되겠다고 너의 편지에 적은 목표는 많은 시간과 정열이 요구된다.
The fact that Mary was late didn't surprise me.
　　　메리가 늦었다는 사실이 나를 놀라게 하지 않했다.

㉜ At the station you will see a lady carrying a large umbrella.
　　　역전에서 너는 큰 우산을 가지고 가는 숙녀를 볼 것이다.
Any coins found on this site must be handed to the police.
　　　이 지점에서 발견된 동전은 경찰에 인수하여야 한다.
Something strange happened last night.
　　　지난밤 이상한 일이 있어났다.

㉝ This / That is your book, isn't it? 이것/그것이 너의 책이지, 그렇지 않느냐?
Ann is here, isn't she? 앤이 여기 있지, 그렇지 않느냐?
You like oranges, don't you? 너는 오렌지를 좋아한다. 그렇지 않느냐?
Bob isn't here, is he? 밥은 여기 있지 않다, 그렇지 않느냐?
They haven't left, have they? 그들은 떠나지 아니했다. 그렇지 않느냐?

㉞ As soon as it stops raining, we will leave.
　　　비가 그치자마자 우리는 떠날 것이다.
No sooner had I arrived at the airport than I realized I had forgotten my briefcase. 공항에 도착하자마자, 나는 손가방을 잊고 왔다는 것을 알았다.

As he was not interested in classical music, he decided not to go to the concert.
그는 고전음악에 관심이 있지 않기 때문에 그는 연주회에 가지 아니했다.
She wept bitterly as she told her story.
그녀는 그녀의 이야기를 듣자 엉엉 울었다.

35 It is cruel to tease animals. 동물을 학대하는 것은 잔인하다.
It is difficult for me to speak French. 내가 프랑스 말을 하는 것은 어렵다.
She found it difficult to learn Chinese.
그녀가 중국어를 배우는 것은 어렵다는 것을 발견했다.

36 The baby cried. [SV] 그 아이는 울었다.
She stayed in bed. [SVA] 그녀는 잠을 잤다.
He is an English teacher. [SVC] 그는 영어선생님이다.
I like gimbap. [SVO] 김밥을 좋아한다.
You can put the dish on the table. [SVOA]
너는 식탁 위에 접시를 놓을 수 있다.
He gave me a present. [SVOO]
그는 내게 선물을 주었다.
Why did they elect him chairman? [SVOC]
왜 그들은 그를 회장으로 뽑았느냐?

부록 2

의사소통 기능과 예시문
교육인적자원부 (고시 제2007-79호) 추천

- 아래에 제시된 의사소통 기능과 예시문을 어린이 영어지도 활동 및 문자 언어 활동에 활용할 것을 교육인적자원부가 권장하며, 그 밖의 기능이나 문장도 사용할 수 있다.
- △ 로 표시된 예시문은 교육인적자원부가 초등학교 어린이 영어지도에서 사용하기를 권장한다.
- ( ) 안에 제시된 단어 / 구는 생략이 가능한 것을 나타낸다.
- …은 상황에 맞게 쓸 수 있는 단어 / 구를 나타낸다.

친교활동

인사하기

만나고 헤어질 때 인사하기
△ Hello!
△ Hi!
△ Good morning / afternoon / evening.
　Long time, no see.
△ Good-bye. / Bye.
△ So long.
△ See you (later).
△ Take care.
△ Have a nice day.
　I haven't seen you in ages.

안부 묻기
△ How are you?
△ How's it going?
　How's everything?
　How are you doing?
　How have you been?
　What's up?

안부 묻기에 답하기
△ Fine, thanks.
△ I'm okay, thanks.
△ Not (too / so) bad, thanks.

안부를 제3자에게 부탁하기
　Say hello to … (for me).
　Please give my best wishes to ….
　Remember me to ….

소개하기

자기 소개하기
△ I'm ….
△ My name is ….
   Let me introduce myself (to you).

다른 사람을 소개하기
△ This is my friend, ….
   I'd like you to meet ….
   I'd like to introduce … to ….

소개에 답하기
△ Nice to meet you.
   I'm glad to meet you.
   It's a pleasure meeting you.
   I've been looking forward to
      meeting you.

감사하기

감사 표현하기
△ Thank you (very much).
△ Thanks (a lot).
   I am very grateful.
   It was very nice of you
      (to help me).

감사 표현에 답하기
△ Sure.
△ You're welcome.
△ No problem.
△ (It was) My pleasure.
   Don't mention it.
   I was delighted to (be able to
      help) ….

주의 끌기
△ Look.
△ Listen.
△ Excuse me.
△ Pardon me.
△ Hello, can you help me?
   You know what?
   May I have your attention
      (, please)?

칭찬, 축하, 감탄하기

칭찬하기
△ (Very) Good!
△ Good (for you)!
△ Well done!
   Excellent!
   (You did a) Good job!

축하하기
△ Happy birthday (to you)!
△ Congratulations!

칭찬, 축하에 답하기
△ How nice (of you)!
　 I'm glad you like it.

감탄하기
△ What a nice … !
△ How … she is!

격려하기
△ Good luck!
△ Don't worry.
　 Cheer up.

약속하기

약속 제안하기
△ How about … ?
△ What about … ?
△ Let's ….
　 Shall we … ?
　 Can you make it (at ten) ?
　 Why don't you … ?
　 Why not … ?

제안에 답하기
△ Sure.
△ Okay. / OK.
△ Why not.
△ No problem.
△ Of course.
　 Certainly.
　 I'm willing to ….
△ Of course not.
△ Sorry, I can't.
　 Sorry (, I have an appointment).
　 I'm afraid not.
　 I'd love to, but I can't.
　 I don't (really) want to ….
　 I don't think I can ….

기원하기

기원 말하기
△ Good luck (with your…/ the…) !
△ Have a good ….
△ Have fun!
　 All the best.
　 I wish you well.
　 I'll keep my fingers crossed!
　 I hope / wish ….

기원에 답하기
△ Thank you (very much).
△ Many thanks.

음식 권유와 응답하기

음식 권하기
△ Go ahead. Help yourself.
△ Do you want some more … ?

△ What will you have?
　Would you like some … ?

승낙, 거절하기
△ Yes, thank you.
△ Yes, please.
　No thanks. (I'd rather have some…)

이해 점검하기
　Is that clear?
　Are you with me?
　Do you know what I mean?

되묻기
　Excuse / Pardon me?
　What (did you say)?
　I'm sorry?
　You did what?
　I don't understand.
　(I) Beg your pardon.
　Could you say that again (, please)?

전화하기 및 받기
　Hello?
　This is … speaking.
　May I speak to … ?
　Can I leave / take a message?
　Who's calling, please?

대화 지속하기
△ Sorry?
△ What?
△ Excuse / Pardon me?
　(I'm sorry, but) I didn't hear you.
　I beg your pardon?
　Would you say that again?
　Could you repeat that?
　I nearly forgot!
　Could we move on to … ?
　I don't understand.
　Could you say that again (, please)?

대화 끝내기
　(Sorry, but) I have to go now.
　(Well,) I'm afraid I must go now.
　I hate to interrupt you, but ….

제의와 초대하기

제의, 초대하기
△ Can you join us?
△ Would you like to … ?
　What / How about … ?
　Why don't you … ?

제의, 초대에 수락하기
△ Okay! / OK!
△ Great!

△ All right!
△ (That) Sounds good.
　Why not?
　With pleasure.
　(Thank you.) I'd love to.

제의, 초대에 거절하기
△ (I'm) Sorry, I can't.
　Maybe next time.
　Thank you (for asking me),
　but ….

사실적 정보 교환

사실적 정보 묻고 답하기

정보 묻기
△ Can you tell me (about) … ?
△ Do you know (about) … ?
△ How many … ?
△ Do you have … ?
△ What time is it?
△ Whose pencil is … ?
　Have you heard about … ?

묻기에 답하기
△ (Yes,) I know ….
　I heard ….

사실 확인하기

확인하기
△ Is this your … ?
△ Aren't you … ?
△ That's ….

사실 묘사하기
△ She has ….
△ My mother is….
　He is wearing….
　There is … in the….

보고하기
　He takes a walk ….
△ I met … (yesterday).
　I've never seen ….
　She has told me about ….

수정하기
　(Sorry.) It's not right.
　(I'm afraid) … 's wrong.
　You've made a mistake.
　I don't think ….
　Let me put it this way.

표현 묻기
△ Do you say … (or …) ?
　How do you pronounce … ?
△ How do you spell … ?

Is this the right /
correct spelling of … ?
Do you spell … with … ?
Can I say … ?
Is this (sentence) correct?
What does … mean?
What is another word for … ?
What should I say if / when … ?

비교하기
△ I'm taller than ….
　 She is as old as …

물건 사기
△ May I help you?
△ How much is it?
△ I'll take it.
　 I'm looking for …

음식 주문하기
　 May I take your order?
　 Are you ready to order?
　 For here or to go?
　 I'd like to have …

지적 태도 표현

동의하기, 반대하기

동의 여부 묻기
△ Okay? / OK?
△ Right?
△ (Is this) All right with you?
　 Would / Do you agree
　　 (with …) ?
　 Don't you think so?
　 Are you for … ?

동의하기
△ Me, too.
△ Same here.
△ Good! / Great! / Fine!
　 I agree.
△ That's (quite) right.
△ That's a good idea.
　 I'm with you (on that).
　 That's a good point.

반대하기
△ I don't think so.
　 I'm not happy about …
　 It's all wrong.
　 I'm against …

기억 확인하기

기억 여부 묻기

(Do you) Remember … ?
Have you forgotten … ?

기억에 관한 질문에 답하기

(Yes,) I remember ….
I'll never forget ….
I can see ….
I forgot about that.

가능, 불가능 표현하기

가능성 묻기

△ Can you … ?
　Do you know how to … ?

가능 표현하기

△ (Sure,) I can.
△ No problem.
　I'm (pretty) good at ….

불가능 표현하기

△ (Sorry,) I can't.
　I don't know anything about ….
　That's impossible.
　I have no idea how ….
　I'm not good at ….

확신 여부 묻고 답하기

확신 여부 묻기

△ Are you sure?
　Do you think … ?

확신, 불확실 말하기

I'm sure / confident that ….
He will probably ….

의무 표현하기

You must ….
She has to ….
You're supposed to ….

허락 요청하기, 허락하기

허락 요청하기

△ May / Can I … ?
　Do you mind if … ?
　Let me ….

허락하기

△ Of course.
△ (Yes,) You can.
△ Sure. / Okay. / OK. / All right.
△ Go ahead.
　Feel free to ….

허락하지 않기
△ Sorry … , but ….
△ (Sorry,) No way.
  (Sorry,) I'm afraid ….
  I'd like … but ….

의견 표현하기

의견 묻기
  What do you want to do?
  What do you think of / about… ?
  Did you find … ?

자신의 의견 말하기
  I think it's ….
△ I have no idea.

원인과 결과 표현하기

원인 묻기
  Why do you think … ?
  Can you tell me the reason why … ?

원인 말하기
  (It's) Because ….

길 묻기, 안내하기

△ Where is … ?
△ Turn right.
△ It's over there.
△ Go straight.
  How could I get to … from … ?

감정 표현

좋아하고 싫어하는 것 표현하기

좋아하고 싫어하는 것에 대해 묻기
△ Do / Don't you like ….
  What's your favorite … ?

좋아하고 싫어하는 것 말하기
△ I (don't) like (to) ….
△ I hate (to) ….

희로애락 표현하기

기쁨, 슬픔 표현하기
△ I'm ….
  I'm glad to hear that.

슬픔을 위안하기
  Cheer up.
  Look on the bright side.

화난 것 표현하기
△ I am angry.
  I'm (very) upset.

I really hate ….
I can't stand ….

놀람 표현하기
△ What a surprise!
It's surprising.
I (just) can't believe this.
That's incredible.

원하는 것 표현하기
원하는 것 묻기
△ What do you want?
Do you want to … ?
Would you like to … ?

원하는 것 말하기
△ I want (to) ….
I'd like to ….

동정 표현하기
△ That's too bad.
It's a pity.
I'm sorry to hear ….

소망, 의지 표현하기
소망, 의지 묻기
When are you going to … ?
Do you intend to … ?

소망, 의지 말하기
△ I'm going to ….
△ I'll ….
I'm planning to ….
I've decided to ….
I hope that ….

기대 표현하기
It will be nice to ….
I'm looking forward to ….

불평하기
It's not fair.
I want to complain about ….
I wish you'd (not) ….
You can't possibly ….

관심 표현하기
관심 묻기
Are you interested in … ?
Do you enjoy … ?

관심, 무관심 말하기
I enjoy ….
I'm (not) interested in ….

도덕적인 태도 표현

사과와 변명하기

사과하기
△ (I'm very) Sorry (about that).
△ Excuse me (for …).
　Pardon me (for …).
　It's (all) my fault.

변명하기
　I'm (terribly / awfully) sorry,
　　but it wasn't my fault.

사과, 변명에 답하기
△ Not at all.
△ That's okay. / OK.
△ That's all right.
△ (Please,) Don't worry (about it).
△ It doesn't matter.
　Never mind.
　No problem.
　Don't mention it.
△ Forget it.

후회 표현하기
　I feel sorry about ….
　I wish I'd ….

지시와 권고

설득하기
　Let's do it this way.
　Please let me try.

도움 요청하기

요청하기
　Can you … , please?
　Will you do me a favor?
　Would you (please) help me … ?

요청에 답하기
△ Sure, I can.
　I'm afraid I can't (because…).

충고하기

충고 요구하기
　Do you think I should … ?
　What would you do if you … ?

충고하기
　I think you should ….
　You'd better not ….
　I suggest (that) you (should) ….

경고하기

△ Be careful!
△ Watch! / Look out!
△ Watch out (for) … !
　Make sure you don't ….
　Be ready for ….

지시하기, 금지하기

지시하기

△ Open / Close ….
　You should ….
　(I think) You ought to ….
　You'd better ….
　Why don't you … ?

금지하기

△ Don't ….
　You shouldn't ….
　I don't think you should ….
　You'd better not ….

상상하기

상상하여 말하기

상상하여 이야기 꾸미기

She will ….
He is going to ….

상상하여 말하기

If I were … , I could ….
I wish I ….
He acts as if he ….
Without … , I would have ….

부록 3

어린이 영어 음철 지도 자료 (English Phonics)

어린이들이 영어를 배우면서 영어 발음 연습을 위해서 끊임없는 연습이 필요합니다. 그래서 일상 생활에서 자주 사용되는 다음 음철의 단어를 보고 발음 연습을 해봅시다.

음철	발음	단어
A a	[æ]	bat (방망이), apple (사과), mad (미친), land (땅)
	[ei]	cake (과자), rake (갈퀴), gate (문), cave (동굴), day (날), late (늦은)
B b	[b]	ball (공), bird (새), boat (보트), boy (소년), box (상자), baby (아이)
C c	[s]	celery (셀러리), circle (원), cent (센트), city (시), circus (서커스), ceiling (천정)
	[k]	corn (옥수수), car (차), cup (컵), cat (고양이), can (할 수 있다), come (오다)
D d	[d]	doll (인형), dog (개), duck (오리), do (하다), did (했다)
E e	[iː]	bee (벌), feet (발), key (열쇠), reach (도착하다), sea (바다), week (주)
	[e]	bed (침대), egg (계란), shed (헛간), get (얻다), let (시키다), rest (휴식)
F f	[f]	fish (물고기), four (4), five (5), fun (즐거움), fan (부채), father (아버지)
G g	[g]	girl (소녀), gum (껌), goat (염소), go (가다), going (가고 있다), good (좋은)
	[dʒ]	giraffe (기린), orange (귤), gentle (점잖은), gingerbread (생강빵), giant (거인), gypsy (짚시)

H h	[h]	hand (손), horse (말), he (그는), have (가지다), hat (모자), house (집)
I i	[i]	pig (돼지), igloo (눈 집), sick (아픈), fit (알맞은), thin (가느다란), if (만약), milk (우유)
	[ai]	ice (얼음), fire (불), write (쓰다), dime (10센트), high (높은), find (발견하다)
J j	[ʤ]	jack (가죽상의), jar (단지), jet (제트기), jump (뛰다), just (꼭), joke (농담)
K k	[k]	kite (연), key (열쇠), king (왕), keep (지키다), kid (아이), kitten (새끼 고양이)
L l	[l]	leaf (잎), lion (사자), little (적은), line (선), letter (글자, 편지)
M m	[m]	monkey (원숭이), mouse (쥐), man (남자), mother (어머니), me (나에게), make (만들다)
N n	[n]	nest (둥지), nose (코), nail (꼬리), no (아니오), name (이름), nut (견과)
O o	[a]	sock (양말), octopus (오징어), top (꼭대기, 팽이), job (직업), dot (점), stop (멈춤)
	[ou]	bone (뼈), coat (외투), both (양쪽), over (넘어, 위에), alone (혼자서), close (닫다)
P p	[p]	peacock (공작), piano (피아노), puppy (강아지), pony (조랑말), pick (꺾다), put (놓다)
Q q	[kw]	queen (여왕), quilt (요), quick (빠른), quack (꽥꽥), quiet (조용한), quarter (25센트)
R r	[r]	ring (반지), rainbow (무지개), raccoon (너구리), ride (타다), red (붉은), rode (탔다)

S s	[s]	sun (해), seven (7), see (보다), sit (앉다), some (어떤), saw (보았다)
T t	[t]	tent (텐트), telescope (망원경), table (책상), two (2), toy (장난감), to (에게)
U u	[ʌ]	bug (곤충), bus (버스), puppet (꼭두각시), cut (끊다), lunch (점심), number (수), mother (어머니)
	[ju]	unicorn (외뿔), unicycle (외발자전거), use (사용), music (음악), huge (막대한), true (진실한)
V v	[v]	violin (바이올린), vest (조끼), vegetable (야채), vacuum (진공), visit (방문), voice (목소리)
W w	[w]	wagon (마차), window (창문), walk (걷다), we (우리), was (이었다), wing (날개)
X x	[ks]	x-ray (엑스레이)
	[z]	xylophone (실로폰)
Y y	[j]	yarn (하품하다), yoyo (요요), yellow (노랑), yard (마당), you (너), yes (예)
Z z	[z]	zipper (지퍼), zebra (얼룩말), zoo (동물원), zany (얼룩진), zoom (확대), zero (영점)
ch	[tʃ]	chair (의자), chicken (닭), cheese (치즈), children (어린이), chocolate (초콜릿), chin (턱)
th	[θ]	thumb (엄지손가락), thermometer (온도계), thimble (골무)
ir	[iː]	bird (새), skirt (스커트), circus (서커스), circle (원), girl (소녀), birthday (생일)
ur	[uː]	turtle (거북이), purse (지갑), church (교회), turkey (칠면조), purple (자주), hurt (상처)

gr	[gr]	grapes (포도), grass (풀), green (초록)
pr	[pr]	present (선물), pretty (예쁜), princess (공주)
gl	[gl]	glove (장갑), glass (유리), glue (아교, 풀)
pl	[pl]	plate (접시), plant (식물), please (제발)
bl	[bl]	blocks (덩어리), blanket (담요), black (검은)
cl	[cl]	clown (광대), cloud (구름), clothes (옷)
sl	[sl]	sled (썰매), slipper (슬리퍼), slow (느린)
fl	[fl]	flag (깃발), flower (꽃), floor (바닥)
fr	[fr]	frog (개구리), fruit (과일), fraction (분수)
tw	[tw]	twelve (12), twin (쌍둥이), twice (두배)
tr	[tr]	tree (나무), trade (상업), tractor (트랙터)
dr	[dr]	drum (북), dress (옷), dry (마른)
br	[br]	broom (비), bread (빵), break (깨치다)
cr	[kr]	crayon (크레용), crib (침대), crow (까마귀)
sp	[sp]	spider (거미), spoon (스푼), spoke (말했다)
oo	[uː]	moon (달), pool (풀), book (책)
sm	[sm]	smile (미소), small (적은), smart (똑똑한)
sk	[sk]	skeleton (해골), skunk (스컹크), ski (스키)
er	[ɚ]	ladder (사다리), tiger (호랑이), letter (편지), paper (종이), mother (어머니) under (아래)

sw	[sw]	swing (흔들다), swan (백조), swim (수영하다)
sc	[sk]	scarecrow (허수아비), scare (겁나다), school (학교)
sn	[sn]	snake (뱀), sniff (코를 훌쩍거리다), snowman (눈사람)
st	[st]	star (별), stamp (우표), stop (멈춤)
or	[ɔ˞ː]	fork (포크), horn (뿔), horse (말), corn (옥수수), cork (코르크), north (북쪽)
ar	[ɑ˞]	scarf (스카프), barn (헛간), far (먼), park (공원), part (부분), garden (정원)
sh	[s]	shell (조개), shoe (구두), ship (배), sheep (양), she (그녀), shine (빛나다)
wh	[hw]	wheel (차바퀴), when (언제), why (왜), what (무엇을), white (흰)

부록 4

영어 읽기 지도 자료 (English Reading & Teaching Materials)

초등학교 어린이 읽기 자료: 다음은 초등학교 어린이들이 꼭 알아야 할 표현들이나 단어를 읽을 수 있도록 다음과 같이 제시하고 있습니다. 부모님들은 이런 자료를 활용하여 어린이들이 연습하도록 배려해 봅시다.

읽기 자료	지시 사항 및 읽기 활동
Shapes	Find the triangle, circle, square, rectangle stickers. (삼각형, 원, 정사각형, 직사각형을 찾으세요) Put them on the right shape. (그것들을 바른 모양에 넣으세요) **NEW WORDS** triangle (삼각형), circle (원), square (정사각형), rectangle (직사각형)
Paths	Trace the paths (통로를 찾아가세요) **NEW WORDS** ant-house(개미 – 집) frog-leaf(개구리 – 잎사귀) bird-nest (새 – 둥지)
Color	Find the red (blue, yellow, green) sticker. (빨강, 푸른, 노랑, 초록) 스티커를 찾으세요) Put it on the blank. (빈 칸에 그것을 넣으세요) **NEW WORDS** red (빨강), blue (푸른), yellow (노랑), green (초록)
Size	Look at the picture. (그림을 보세요) Color the bunny (rabbit) that is the smallest. [가장 작은 토끼 새끼 (토끼)를 색칠하세요] Look at the pictures. (그림을 보세요) Color the smallest bug in each box. (각 상자에 가장 작은 곤충을 색칠하세요)

	NEW WORDS
	small (작은) – smaller (더 작은) – smallest (가장 작은)
Size	Look at the picture. (그림을 보세요)
	Color the dog that is the biggest. (가장 큰 개를 색칠하세요)
	Look at the pictures. (그림을 보세요)
	Color the biggest dog in each box. (상자 안에 가장 큰 개를 색칠하세요)
	NEW WORDS
	big (큰) – bigger (더 큰) – biggest (가장 큰)
Size	Look at the pictures in each row. (각 줄의 그림을 보세요)
	Draw a circle around the picture that is same as the picture in the box.
	(상자 안에 그림과 같은 그림 주위에 원을 그리세요)
	NEW WORDS same (같은), as (처럼)
Size	Look at the pictures. (그림을 보세요) Make a pair. (짝을 만드세요)
	Draw a circle around the picture in each row that makes a pair with the picture in the box.
	(상자 안에 그림과 짝을 이루는 각 줄의 그림 주위에 원을 그리세요)
	NEW WORDS pairs (짝들), pair (짝)
Opposites	over (위) vs under (아래) noisy (시끄러운) vs quiet (조용한)
	hot (더운) vs cold (추운) in (안) vs out (밖)
	left (좌) vs right (우) long (긴) vs short (짧은)
	big (큰) vs little (적은)
More/ Less	Draw a circle around the box that has more.
	(더 많이 있는 상자 주위에 원을 그리세요)
	Draw a circle around the box that has less.
	(더 적게 있는 상자 주위에 원을 그리세요)
	NEW WORDS more (더 많은), less (더 적은)
Yes/ No	Can a car go? (차가 갈 수 있는가?) – (Yes No)

	Is an ice cream hot? (아이스크림이 뜨거운가?) – (Yes No) Can a balloon fly? (풍선이 날을 수 있는가?) – (Yes No) Can a fish run? (물고기가 달릴 수 있나?) – (Yes No) **NEW WORDS** yes (예), no (아니오)
Category	What belongs? (무엇에 속해 있는가?) Look at the pictures. (그림을 보라) Color the pictures in each row that belong together. (함께 속해있는 각 줄의 그림을 색칠하세요) 1. boots (장화), raincoat (비옷), umbrella (우산), clock (시계) 2. penny (동전), cake (과자), dime (10센트 은화), quarter (25센트) 3. duck (오리), chicken (닭), sun (go), turkey (칠면조) 4. elephant (코끼리), banana (바나나), apple (사과), grape (포도)
Seasons	Find the stickers that show summer and winter. (여름과 겨울을 나타내는 스티커를 찾으세요) Put them in place. (그것들을 공간에 붙이세요) **NEW WORDS** boat (보트), mittens (벙어리장갑), skates (스케이트), sled (썰매), raft (뗏목), pail (통)
Here I am!	My name is _____. (내 이름은 _____ 입니다) I am a _____. (나는 _____ 입니다) I am _____ years old. (나는 _____ 살입니다) I live at _____. (나는 _____ 에 살고 있습니다.) My phone number is_____. (나의 전화 번호는 _____ 입니다.) **NEW WORDS** name (이름), years (년), old (살), phone (전화), number (번호)
What can	What can fly? (무엇이 날 수 있을까?) Put an X on the line. (밑줄 친 곳 위에 X를 써넣으세요)

It Do?	_ _ _ _ dog (개) _ _ _ _ airplane (비행기) _ _ _ _ bird (새) _ _ _ _ tree (나무) _ _ _ _ kite (연) _ _ _ _ bed (침대) **NEW WORDS** airplane (비행기), bird (새), tree (나무), kite (연), bed (침대)
What Did	Bill and Ann went to the store to buy some candy. (빌과 앤이 사탕을 사러 가게에 갔다.)
They Need?	What did they need? (무엇이 필요할까?) _ _ _ _ Money (돈) _ _ _ _ Comb (빗) _ _ _ _ Spoon (수저) **NEW WORDS** money (돈), comb (빗), spoon (수저)
Comprehension	Read the sentences. (문장을 읽으세요) Draw a line under the best. (연결되는 가장 적절한 문장에 밑줄을 그으세요) Kim was late for school because (김은 학교를 지각했다 왜냐하면) 1. the bus was yellow.(버스가 노랑 색이기에) 2. she woke up early. (그녀는 일찍 일어났기에) 3. she missed the bus. (그녀는 버스를 놓쳤기에))
What Animal	You can see me at the zoo. (너는 나를 동물원에서 볼 수있다) I am big. (나는 크다)
Am I?	I have stripes. (나는 얼룩무늬가 있다) My teeth are very sharp. (나의 이빨은 매우 날카롭다.) **NEW WORDS** deer (사슴), tiger (호랑이), frog (개구리), rabbit (토끼)
Where Are	You can see buses. (너는 버스에서 볼 수있다) People are all around you. (사람들은 네 주위에 모두 있다)
You?	They have tickets. (그들은 차표를 가지고 있다) You are at the _ _ _ _ _ . (너는 _ _ _ _ _ 에 있다.) **NEW WORDS** zoo (동물원), store (가게), bus station (버스정거장)

참고자료

김기훈. 2007. 7. 16. 욘(yawn)족. 조선일보.
김민구. 2007. 7. 16. 1초에 10조 원의 향방이 갈렸다. 주간조선. 1963호.
김지영. 2007. 7. 1. 대영백과사전 첫 항목은 한국어. 중앙 SUNDAY.
남정훈. 2007. 7. 16. 21세기 엘리트 욘족. 중앙일보.
배명복. 2007. 7. 1. 국민 행복의 선진국. 중앙 SUNDAY.
이용수. 2007. 7. 2. 미국은 멸망 직전의 로마제국인가. 조선일보.
이태훈. 2007. 7. 16. 미국 신도금시대. 조선일보.
앤 클래퍼. 2007. 7. 12. 영어가 글로벌 인재 보장 못한다. 조선일보.
장혜수. 2007. 7. 18. 제2 국대 본토 축구를 보라. 중앙일보.
정동빈. 1997. 언어습득론. 서울: 한신문화사.
정동빈. 1991. 영어교육론. 서울: 한신문화사.
정동빈. 1992. 언어습득. 서울: 한신문화사. 한신문화사.
정동빈. 1993. 통사이론과 영어통사습득. 서울:
정동빈. 1994. 언어이론. 서울: 한신문화사.
정동빈. 1995. 이중언어상용. 서울: 한국문화사.
정동빈. 1996. 언어발달지도. 서울: 한국문화사.
정동빈. 1997~2001. 웅진 초등영어 3~6학년 교과서, 지도서, 비디오, 오디오. 서울: 웅진닷컴.
정동빈. 1996~2006. 웅진 Think-Big/Kids' Story 영어. 서울: 웅진닷컴.
정동빈. (공저). 1997. 어린이 영어교육. 서울: 홍익미디어.
정동빈. (공저). 1999. 조기영어교육론. 서울: 한국문화사.
정동빈, (공저). 2000. 영어교육 어떻게 할 것인가. 서울: 학문사닷컴.
정동빈, (공저). 2000. 멀티미디어 영어교육. 서울: 학문사닷컴.

정동빈, (공저). 2000. 영어학습지도. 서울: 학문사닷컴.

정동빈, (공저). 2000. 영어교육의 새출발. 서울: 학문사닷컴.

정동빈, (공저). 2001. 교실영어. 서울: 학문사닷컴.

정동빈. 2002. 유아 영어 의사소통 교육론. 서울: 한국문화사.

정동빈. 2002. *Second language acquisition*. 서울: 경진문화사.

정동빈. 2003. *A communicative grammar of English*. 서울: 송학문화사.

정동빈. 2003. *Communicative expression and practice*. 서울: 송학문화사.

정동빈. 2004. 놀이활용 영어지도. 서울: 한국문화사.

정동빈. 2005. 동화활용 영어지도. 서울: 드림랜드.

정동빈. 2006. 100가지 게임 활용 초등영어지도. 서울: 드림랜드.

정동빈. 2006. 열려라 공부! 유아영어길라잡이 ① ~ ⑩회 연재. 중앙일보 2006. 11. 8 ~ 2007. 1. 17.

정미선. 2007. 7. 16. 미 초등 교과서는 백과사전? 조선일보.

정원식. 1977. 머리를 써서 살아라 – 유태인 가정교육의 비결. 서울: 샘터사.

조성식. 1983. 영어사. 신아사.

최형석. 2007. 6. 23. 경기 영어마을 돈 먹는 하마 오명 벗나. 조선일보.

최현묵. 2007. 7. 12. 새 영어단어 신고합니다. 조선일보.

황성혜. 2007. 7. 16. 영국의 사랑, 버버리가 젊어진다. 주간조선. 1963호.

Axtell, R. 1998. *Gestures: The Do's and Taboos of Body Language Around the World*. NY: John Wiley & Sons.

Asante, M.K. 1979. *Hand book of intercultural communication*. C.A.: SAGE.

Bridges, J. *How to Be a Gentleman: A Contemporary Guide to Common Courtesy*. TS: Rutledge Hill Press.

Broukal, M. 1993. *Introducing The USA*. London: Longman.

Broukal, M. 1991. *All about the USA*. London: Longman.

DeVries, M. 1991. *Complete Secretary's Handbook*. NJ: Prentice Hall.

Draschenfels, S. V. *2000. The Art of the Table*. NY: Simon & Schuster.

Dresser, N. 1996. *Multicultural Manners*. NY: John Wiley & Sons.

Hall, E.T. 1959. *The silent language*. N.Y · Anchor Books.

Heyer, S. 1992. *Even more true stories*. London: Longman.

Johnson, D. 1998. *Tea & Etiquette*. VG: Capital Books.

Laird, E. 1993. *Faces of the USA*. London: Longman.

Level, A. 1985. *Portraits in words*. Washington, D.C.: US Information.

Martin, J. 1977. *Miss Manners' Basic Training: Eating*. NY: Crown.

McDowall, D. 1993. *Britain in close-up*. London: Longman.

The World Book Encyclopedia A-Z. 1983. Chicago: World Book, Inc.

Post, P. 1997. *Emily Post's Etiquette*. NY: Harper Collins.

Stewart, M. 1997. *The New Etiquette: Real Manners for Real People in Real Situation:*
  An A-to-Z Guide. NY: St. Martin's Press.

Tiersky, E. and Tiersky, M. 1990. *The U.S.A.:Custom and institutions*.
  N.J.: Englewood Cliffs.